本书研究内容获得以下资助

国家自然科学基金青年科学基金项目（72001071）：基于半参数模型的产品增值服务优化策略研究

教育部人文社会科学研究青年基金项目（20YJC630112）：网络效应视角下考虑顾客选择行为的产品线动态定价策略研究

河南省重点研发与推广专项（软科学研究）项目（202400410072）：河南省创新引领型企业产品线优化策略与实现路径研究

基于顾客选择行为的产品线定价策略与优化研究

齐微◎著

PRODUCT LINE PRICING AND OPTIMIZATION BASED ON CONSUMER CHOICE BEHAVIOR

中国经济出版社
CHINA ECONOMIC PUBLISHING HOUSE
·北京·

图书在版编目（CIP）数据

基于顾客选择行为的产品线定价策略与优化研究 / 齐微著. --北京：中国经济出版社，2022.1（2023.8 重印）
ISBN 978-7-5136-6659-6

Ⅰ. ①基… Ⅱ. ①齐… Ⅲ. ①消费者行为论-影响-商品-定价-研究 Ⅳ. ①F713.53

中国版本图书馆 CIP 数据核字（2021）第 198264 号

责任编辑 陈 瑞
责任印制 马小宾
封面设计 任燕飞

出版发行 中国经济出版社
印 刷 者 北京建宏印刷有限公司
经 销 者 各地新华书店
开 本 710mm×1000mm 1/16
印 张 13
字 数 200 千字
版 次 2022 年 1 月第 1 版
印 次 2023 年 8 月第 2 次
定 价 78.00 元
广告经营许可证 京西工商广字第 8179 号

中国经济出版社 **网址** www.economyph.com **社址** 北京市东城区安定门外大街 58 号 **邮编** 100011
本版图书如存在印装质量问题，请与本社销售中心联系调换（联系电话：010-57512564）

前言

本书是一部有关考虑顾客选择行为的产品线定价与优化的研究专著。

随着市场竞争的日益激烈和顾客需求的多元化，为满足异质顾客群体的消费需求，获得更大的市场份额，产品线的设计和开发成为影响企业发展的重要战略问题。成功的产品线设计能够为企业提供丰富的差异化产品，扩大市场份额，减少开发成本，增加销售利润，塑造品牌价值，增强竞争优势。然而，在复杂多变的市场环境中，企业决策受多种因素共同影响，而且产品线中的产品存在一定的替代性，使得企业对产品线定价决策的难度增加。价格是影响企业获取最优收益的重要因素之一，是衡量产品价值的重要体现，能调节顾客的需求结构，因此产品线定价是产品线优化设计中一个重要的决策问题。

顾客是市场活动的重要参与者，也是产品价值实现的重要载体，当面对具有差异化的产品时，顾客可能选择购买产品线中的产品，也可能选择不购买产品线中的产品。因此，在共创价值理论下，顾客对产品的选择行为对企业产品线的优化设计至关重要，考虑顾客选择行为对产品线定价的影响将是一个重要的研究内容。对顾客选择行为的研究通常采用两种模型：确定型选择模型和概率型选择模型。概率型选择模型能更好地模拟顾客的选择行为，因此它在营销、运输、运作管理等领域得到了广泛的应用。

多项式 Logit（MNL）模型是常用的概率选择模型之一，具有良好的理论基础和简洁的显式计算公式。但其假设“不相关选项是相互独立的（IIA）且顾客得到效用的误差项服从 Gumbel 分布”在实际中有时并不满足，这时利用 MNL 模型得到的结果可能不能很好地切合实际。于是，其他概率选择模型被相继开发并得到广泛应用。具有代表性的有 Marginal Distribution Model（MDM）和 Marginal Moment Model（MMM），它们有较弱的假设条件，假设效用误差项的分布函数或者均值和方差是已知的；尤其是 MMM，它不要求误差项服从特定的分布，同时能克服 IIA 问题，因此它的适用性更加广泛。

本书分别应用 MNL、MDM 和 MMM 研究顾客选择行为，并将其应用到产品线定价优化问题中，研究最优决策与影响因素之间的相互关系，从而为产品线定价提供决策支持。主要研究内容和创新之处包括以下几个方面：

（1）在充分查阅文献的基础上，分别对产品线设计、顾客选择模型、鲁棒优化和产品网络效应的国内外研究现状进行了综述，分析了产品线设计过程中存在的问题，论证了课题研究的必要性。

（2）传统的顾客选择模型一般假设参数都是精确已知的，然而，现实生活中决策者获得的参数值通常是有误差的，并非精确。因此，考虑到模型中参数的不确定性，首先研究了基于 MNL 模型的产品线定价，并通过鲁棒优化求解最大最小收益（Maximin Revenue）问题。分别针对企业开发一个和多个新产品，对比分析了精确模型和鲁棒模型的解，发现鲁棒模型的最优解受参数不确定性的影响较小，可以获得较稳定的最优利润。然后，从静态和动态两个视角进一步分析鲁棒模型，研究发现动态的鲁棒模型可以更好地指导企业确定相关参数，以制定更优的产品线定价策略。

（3）由于 MNL 模型的应用有时受到限制，本书随后使用适用性较好的 MDM 和 MMM 研究了产品线定价问题。首先，基于 MDM，证明了在一定条件下产品线定价模型的利润函数关于市场份额是凹函数；当效用误差项服从几个常用分布函数时，证明了利润函数的凹性。考虑到 MMM 具有更广泛的适用性，本书接着研究了基于 MMM 的产品线定价问题。在垄断和寡头市场中，分别证明利润函数关于市场份额是凹函数，得到了最优价格和市场份额的求解方程，通过数值实验分析了不同因素对最优解的影响。

（4）在互联网强力推进和电子商务快速发展背景下，很多产品不同程度地展现了网络效应，顾客购买产品获得的效用将受该产品或相似产品的销量影响。本书研究了基于 MMM 考虑网络效应的产品线定价问题，分别在开发一个新产品、同质和异质多个产品的不同场景下，获得了最优价格和市场份额的求解方程；通过数值实验分析了不同因素对最优解的影响，验证了网络效应研究的必要性，并测试了最优解的鲁棒性。

（5）很多模型假设即使顾客购买某个产品获得负的效用，顾客对这个产品的选择概率仍是正的，这显然与实际不符。因此，图书最后基于 MMM 研究了考虑负效用的产品线定价问题。首先对 MMM 进行改进，当顾客获得负的效用时，将顾客对这个产品的选择概率设置为 0。数值实验表明改进的 MMM 所得结果更符合实际，并分析了不同因素对最优解的影响。

以上研究成果不仅能丰富产品线定价和产品线优化的理论体系，同时对产品线的开发设计、产品定价和企业发展战略具有重要的现实意义，为企业制定产品竞争策略提供重要的决策依据。

本书部分内容是作者之前对产品线定价与优化进行研究的阶段性成

果。在本书出版之际，特别感谢河南大学商学院领导对学术著作出版的鼎力支持，感谢中国经济出版社陈瑞编辑的辛勤付出！

书中不当之处，敬请批评指正。

齐　微

2021年5月于河南开封

目 录

第1章

绪 论

1.1 研究背景及意义

1.1.1 研究背景

随着经济全球化趋势的加剧，公司之间的竞争日益激烈。许多公司都扩张公司的产能，占据更多的市场份额，从而力求在竞争中取胜。在市场中，消费者数量众多，且年龄、教育结构、生活方式、性别、偏好等有所不同。消费者不再拘泥于市场提供的单一产品，而是趋向于更多种类、更多特征的多样化产品，从而满足自己的个性化需求，达到购买产品的目的。

随着市场竞争的日益激烈和客户的个性化需求日益增加，许多公司计划提供各种产品或服务的产品线来满足不同消费者的需求。例如，宝洁公司提供了不同类型的飘柔洗发水产品，从功效上提供了顺滑护理、人参滋养、去屑、橄榄油护理等不同产品；从气味类型上提供了水兰花、薄荷、绿茶等不同香型产品；从容量上提供了 200ml、400ml、750ml、1000ml 等不同产品。美国联邦快递公司为美国的包裹运输服务提供了不同级别的递送速度，客户可以以不同的价格选择当日达、次日达、2~3 天递送的快递服务。

产品线定义为源自一个基本产品但带有不同属性的产品的集合[1]。为了设计产品线，公司需要确定产品线中每个产品的属性水平，并制定一些优化目标，例如利润或收益最大化、市场份额最大化或开发成本最小化。产品的价格通常被认为是最重要的产品属性之一。在产品线的建模中，决策者需要考虑许多因素，如顾客选择行为、市场的竞争模式、竞争产品的状态、产品的成本结构、同类产品的蚕食等。产品线设计已经吸引了学者的广泛注意，他们致力于产品线不同问题的研究，例如一个两阶段的博弈[2]、价格歧视与情境影响[3]、捆绑销售[4]等。

顾客是以个人消费为目的而购买、使用商品和服务的个体社会成员，是市场活动中重要的参与者。他们为满足生活需要而购买商品或接受服务。当面对带有不同特征的产品时，一个顾客可能购买产品线中的产品，也可能没有购买其中任何产品而离开。因此，顾客对产品的购买行为在产品线设计过程中起了重要的作用。有许多文献[5-8]论证了将顾客选择行为纳入产品线定价模型中的必要性。

下面，本节将从产品线优化和顾客选择行为两个方面分别阐述。

1.1.1.1 产品线优化

产品线是一组满足异质消费者共同需求的产品。产品线的长度指产品线中产品的数量。产品线包括垂直产品线和水平产品线：垂直产品线是一组由于不同的品质等级和特点而存在明显的价格差异的产品；水平产品线中的产品是只根据规格变化的产品，例如口味、类型、颜色等。以汽车产品为例，大众汽车有限公司生产的汽车中，速腾、宝来和捷达属于垂直产品线中的产品，而CC、途锐和途安属于水平产品线中的产品。

产品线设计的优化目标通常是利润最大化、收入最大化、市场份额最大化等，产品线优化问题的决策变量包括产品的数量、产品属性及属性水平、价格等。例如，一个公司计划引入生产咖啡机的产品线，需要决定的产品属性及属性水平包括：加热功率1000~3000W不等，容量3~8L，饮料选择种类1~4种，加热速度0.5~5分钟，冲调速度30~120杯/小时；决策变量是价格；产品属性有连续型(产品框架的长度)或者离散型(容量大小)；在产品线设计中还需要考虑产品线中已经存在的产品、竞争公司的产品和未来将要研发的产品等。

随着产品线设计的日益重要，对产品线设计的理论和方法的研究日益活跃。自 20 世纪 70 年代开始，产品线设计问题被学者们广泛关注并研究。关于产品线优化问题的论文被发表在许多顶级期刊上，例如 *Management Science*(MS)、*Manufacturing & Serviece Operations Management*(MSOM)、*Production & Operations Management* (POM)、*Computers & Operations Research* (COR)、*European Journal of Operational Research*(EJOR)、*International Journal of Production Research* (IJPR)、*International Journal of Production Economics*(IJPE)、*Marketing Science*、《系统工程学报》、《计算机学报》等。另外，在 SSCI、SCI、EI 和 CNKI 数据库中分别以“product line”或“产品线”为主题词搜索了 2014—2019 年五年间和 2004—2013 年十年间的论文发表情况，具体如表 1-1 所示。从表中可以看出，产品线设计的研究近年来逐渐增加，产品线已经成为商业界和学术界广泛关注的一个课题。

表 1-1 产品线设计研究情况

数据库	2014—2019 年(篇)	2004—2013 年(篇)
SSCI	1475	1431
SCI	17207	24276
EI	29618	49552
CNKI	2309	6096

产品线优化文献涉及的领域包括顾客偏好测量、顾客选择行为、产品线建模策略、产品定价、典型的目标函数等。

顾客偏好测量通常有两种方法：多维度测量(MDS)和联合分析(CA)。多维度测量考虑的是欧几里得距离，距离顾客理想点越近的产品越有吸引力。它是用图形表示的，具有很好的交互性，通常对于买家评估产生刺激的是真实存在的产品，但是很少应用在商务领域。联合分析是利用有限数量的离散属性来估计异质性的部分偏好函数，该方法源于一种分数的阶乘实验，对选定产品属性子集的组合进行评价。联合分析通常假设顾客倾向于选择效用值高的产品，并且效用值是属性的部分效用值的求和。联合分析有丰富的计算工具和理论背景，优化模型的表示形式也十分简单(一般是线性的)，已被广泛应用在商业领域。但是它利用的是假设存在的产品，调查对象的级别也不一致。

顾客选择行为通常应用确定型选择模型和概率型选择模型来模拟。确定型选择模型假设顾客只购买效用值最高的产品。它简单且易于理解，但是表述的购买过程过于严格和死板，难以表述顾客可能同时购买许多产品的情况。概率型选择模型假设顾客的选择是通过随机数产生的。多项式Logit(Multinomial Logit，MNL)模型和盈余份额(Bradley-Terry-Luce，BTL)模型是使用最为广泛的两种概率型选择模型。

产品线建模策略通常包括两步法和一步法。在两步法中，第一步是将产品集合中可行的产品减少为更小的参考集合，第二步是在这个参考集合中，找到最优的产品来建立优化模型，但是这种方法可能失去最优解。一步法是直接寻找产品集合中最优的产品，但是过于复杂。

产品的价格可以作为产品的属性或者模型中的独立变量。价格作为属性时，一般离散化为一些价格等级，比较容易进行优化建模。价格作为独立变量时，容易出现非线性形式，但是可以更好地分析结果。

产品线设计模型中典型的目标函数包括：顾客总效用值的最大化、销售者的边际效用最大化、选择新产品的顾客数量最大化、利润最大化或总市场份额最大化。

在产品线设计的过程中也存在一些挑战和困难。例如在模拟顾客选择行为时，如何考虑属性的独立性和进行效用值的添加，如何解释顾客的不合理的购买行为(如对 iPhone 的购买)，如何表示广告和价格竞争的复杂影响，等等；在考虑动态市场环境时，随着竞争产品的出现，产品价格会如何变化，如何解释顾客需求的逐渐转移，如何表示竞争者对于新产品的反应，等等。

产品线设计的未来研究方向包括：对于顾客选择规则，希望可以更好地模拟顾客的购买行为，行为科学的进程可能促进产品线设计模型的发展；对于产品线设计中的联合决定，可以考虑营销策略、制作计划和资源分配、供应链配置和供应商选择等；考虑产品线设计中的动态反应和不确定性，可以用博弈论的方法研究消费者品位和产品竞争的变化，用粗糙集、模糊理论研究市场需求的不确定性和顾客需求的模糊性；希望在产品线设计模型中探索更多新的元启发式算法。

1.1.1.2 顾客选择行为

顾客选择行为通常应用两种选择模型来模拟：一种是确定型选择模型，顾客总是选择效用最高的产品；另一种是概率型选择模型，它假设效用是一个随机变量。概率型选择模型能够较好地模拟顾客的选择行为，已经被广泛应用于市场营销、运作管理、交通运输等领域。

多项式 Logit(Multinomial Logit，MNL)模型是被广泛使用的概率型选择模型之一，它有简洁的公式和较好的理论基础，已经被广泛应用在不同的领域，例如考虑网络效应的定价决定[9]、研究鲁棒优化问题[10]、协调再制造产品的供应链问题[11]、分析鼓励骑车上班的不同激励措施的影响[12]等。然而，MNL 模型有很强的假设，即不相关的选项彼此独立(Independence from Irrelevant Alternatives，IIA)，且随机误差服从相同的 Gumbel 分布。IIA 的性质表明，两种产品的选择概率之比不依赖于其他产品，无论它们的相似性如何，这通常用著名的“红巴士/蓝巴士”悖论来证实[13,14]。这个假设在实际中有时并不满足，因此，MNL 的结果可能与现实不符。为了克服这一局限性，许多学者提出了其他的概率型选择模型，包括嵌套 Logit(NL)模型、多项式 Probit(MNP)模型、广义极值(GEV)模型、混合 Logit(MIXL)模型等。然而，这些模型的应用受到复杂的计算过程或预先给定的测量误差的特定分布限制。

最近，Natarajan 等[15]提出了 Marginal Distribution Model(MDM)和 Marginal Moment Model(MMM)，这两种模型被分类为半参数选择模型[16](Semiparametric Choice Models)。当知道效用误差项的边际分布时，可以应用 MDM；当获得效用误差项的均值和方差时，可以应用 MMM。两种模型都有简单的选择概率公式，并可以克服 IIA 的不足。Mishra 等[17]研究表明，MNL 模型可以通过指数分布从 MDM 的特例中得到，MMM 可以通过 t 分布从 MDM 中得到，GEV 模型可以通过广义指数分布从 MDM 中得到。其中，MMM 在不知道准确分布函数的情况下可以获得选择概率，被认为具有更好的适用性[18,19]。

产品线定价是产品线优化设计中的重要决策内容，产品价格是企业获得最优目标的影响因素之一，是衡量产品价值的重要体现，可以调节顾客的需求结构。顾客选择行为是产品线定价的重要影响因素，对顾客选择行为的模拟在定价决策中至关重要。因此，本书研究了考虑顾客选择行为的产品线定价问题。

1.1.2 研究意义

企业的产品线设计是一个复杂的决策过程，受企业复杂多变的市场环境影响，依赖产品间的相似程度，取决于顾客的选择偏好。考虑顾客选择行为的产品线定价研究对企业设计产品线有重要的指导作用，具有一定的理论价值和实践意义。

首先，考虑顾客选择行为对产品线的影响是产品线设计的核心，合理的产品线基于对顾客的充分认识而设计。分析顾客的购买需求以及购买行为的影响因素，从而设计、生产满足顾客需求的多样化产品，同时企业获得最优目标。顾客的购买行为受多种因素共同影响，增加了产品线设计中模拟顾客选择行为的难度。本书基于概率型选择模型模拟顾客选择行为，针对不同的背景，分析影响顾客选择行为的关键因素对产品线设计的影响。

其次，在产品线设计过程中，企业面对多种不确定性。在产品线设计过程中，企业需要测量或估计许多参数值，但由于受到测量误差、小样本数据以及各种主观或者客观因素影响，企业不能获得每个参数的精确值，很多参数都带有一定的误差。如果企业在产品线定价过程中忽略了参数的不确定性，获得的最优目标可能与预期目标相差很大，定价决策可能也不是最优决策。本书在产品线定价过程中，考虑了参数不确定性，通过鲁棒优化方法研究产品线的最优定价决策，不仅丰富了产品线定价问题的理论研究，对现实的企业决策也有一定的指导意义。

再次，随着互联网的快速发展，顾客在购买产品时容易受到购买相同或相似产品的其他顾客影响，许多产品具有一定的网络效应特征，例如电子游戏、微信、微博等，顾客购买或使用这些产品获得的效用受相同或相似产品的销量影响。如果企业在产品线设计过程中，忽略网络效应对最优决策的影响，将不能获得最优利润，甚至会遭受一定的损失。本书将网络效应考虑到产品线定价问题中，研究最优的定价决策，分析网络效应等影响因素对产品线设计的影响。

最后，本书的研究对于新时期企业的产品线设计决策具有积极的指导意义。通过研究不同影响因素如何影响产品线设计决策，能够正确把握产品线设计的脉络，从而为企业设计最优的产品线提供有效的指导。合理地设计产品线能够提高顾客的效用，达到企业的最优目标，增加社会的总福利。以科学的研究给出产品线设计过程中企业制定的最优决策，有助于从理论层面进一步认识顾客选择行为在产品线设计过程中所扮演的战略角色。

1.2 本书的主要工作

本书的主要工作包括以下五部分：

(1)在查阅国内外大量期刊、书籍、会议论文集、研究报告和其他文献的基础上，在第2章分别对产品线设计理论与方法和模拟顾客选择行为的概率型选择模型等相关研究问题进行了详细的综述。同时考虑行为运作管理研究的实际问题，首先对考虑模型参数不确定性的鲁棒优化问题进行了综述，然后对产品展现的网络效应性质的研究进行了综述。

(2)本书在第3章中，针对产品线设计中存在的参数不确定性问题，通过鲁棒优化的方法进行研究和解决。MNL模型是被广泛使用的顾客选择模型之一，因此在本章中基于MNL模型研究了鲁棒的产品线定价问题，并分别针对开发一个新产品和开发多个新产品问题进行研究。

(3)针对MNL模型的局限性，本书从第4章开始研究模拟顾客选择行为的两个较好的模型——MDM和MMM。第4章首先基于MDM研究了垄断市场中利润函数的凹性，然后基于MMM重点研究了在垄断和寡头市场中产品线设计的问题。对于垄断和寡头市场，证明了在一定条件下，利润函数关于变量市场份额是凹函数，并得到了最优定价和最优市场份额的求解方程。通过数值实验发现，虽然MMM的假设更弱，但是基于MMM得到的结果与基于MNL、MNP(两个常用的选择模型)得到的结果类似；通过实证分析发现，MMM的拟合结果优于MNL模型和NL模型。最后比较分析了垄断和寡头竞争下价格、市场份额和利润随着不同影响因素的变化而变化的趋势。

(4)由于互联网的广泛使用和电子商务的快速发展，许多顾客在购买产品时，受到相同和类似产品的销售数量的影响，即产品表现出网络效应特征。本书第5章针对产品的网络效应问题，基于MMM分别证明了开发一个新产品、多个同质产品和多个异质产品时收益函数的凹性，得到了最优价格、最优市场份额和收益的求解方程。并通过数值实验，研究了最优解随着不同影响因素的变化而变化的情况，分析了在产品线定价问题中考虑网络效应的重要性，并测试了模型中解的鲁棒性。

(5)在产品线优化问题中，通常假设即使顾客获得的效用很低甚至是负的，顾客对所有产品的选择概率仍是非零的，这显然与实际不相符。本书第 6 章基于 MMM 研究了考虑负效用的产品线定价问题。通过数值实验，研究了最优解随着影响因素的变化，而变化的情况，并通过对比分析发现，考虑负效用的模型结果是令人满意的。

1.3 研究思路与技术路线

本书的研究思路主要包括以下几个部分。

(1)文献综述。产品线定价研究已经成为各个公司开发新产品、占据市场份额的重要研究内容，而顾客选择行为又是影响产品线定价的一个重要因素。本书对产品线优化和顾客选择模型的国内外相关研究工作进行了综述和总结。考虑到产品线优化设计中遇到的实际问题，本书应用鲁棒优化方法解决产品线定价模型中参数的不确定性问题，并利用网络效应解释顾客对产品的购买受相同或相似产品销量影响的现象。然后对鲁棒优化方法和产品的网络效应性质进行了阐述和总结，同时综述了相关研究的理论与方法。

(2)顾客选择模型。模拟顾客选择行为的模型是产品线定价问题中重要的研究内容，本书对顾客选择模型的相关工作进行了重点研究。顾客选择模型通常包括确定型选择模型和概率型选择模型，由于概率型选择模型能更好地模拟顾客的选择行为，所以本书主要采用概率型选择模型进行研究。MNL 模型具有简洁的公式和较好的理论基础，是被广泛使用的传统概率型选择模型之一，因此本书首先基于 MNL 模型研究了产品线定价中考虑参数不确定性的鲁棒优化问题。但是 MNL 模型的假设条件在实际中有时并不满足，在一定程度上限制了 MNL 模型的应用，因此本书随后重点研究了另一个适用性较好的概率型选择模型——MMM，并基于 MMM 研究了产品线定价的优化问题，包括研究垄断和寡头市场中的产品线定价问题、考虑网络效应的产品线定价问题，以及考虑顾客负效用的产品线定价问题。

(3)仿真研究。仿真技术是研究复杂系统和行为的重要手段，是检验模型结果的有力工具。基于仿真技术，本书有针对性地对产品线相关优化问题进行仿真研究，通过仿真分析研究了不同因素对模型最优解的影响，仿真结果验证了模型的有效性和适用性。

根据研究问题的一般思路，按照发现并提出问题(问题描述)→理论分析问题(模型建立与分析)→仿真分析问题(数值实验)的技术路线完成本书的写作，具体技术路线如图 1-1 所示。

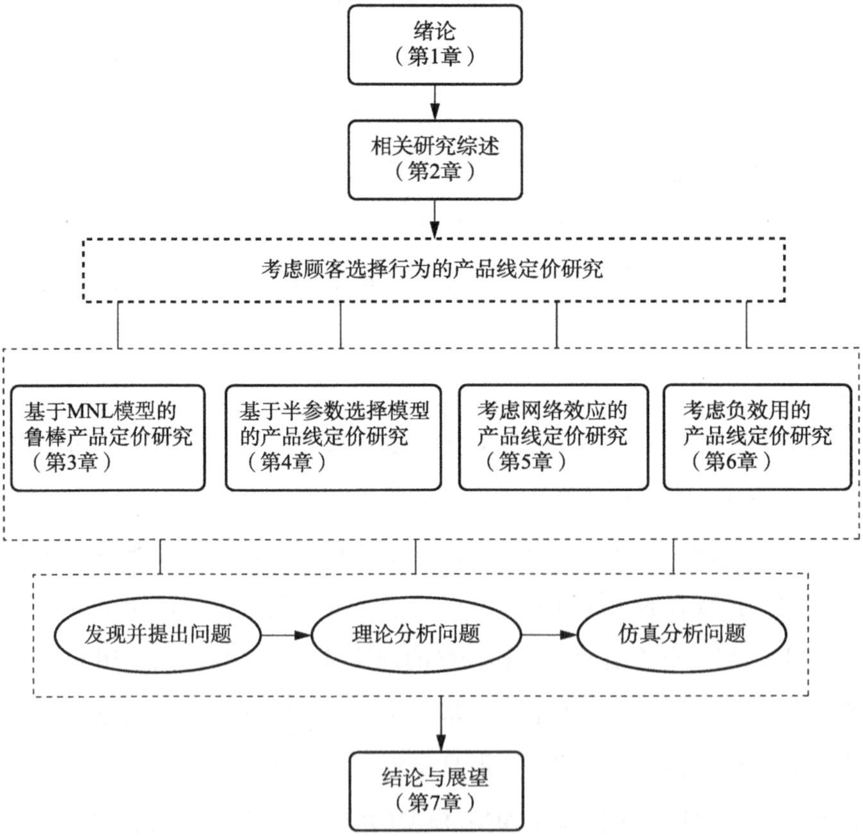

图 1-1　本书的技术路线

第2章

相关研究综述

2.1 引言

围绕基于顾客选择行为的产品线定价问题，本章首先对产品线设计的背景、发展、国内外研究现状进行了详细介绍，其次对顾客选择模型的发展及研究现状进行了详细阐述，最后对产品线定价过程中遇到的实际问题进行了研究，分别对鲁棒优化和网络效应进行了较为详细的综述。

2.2 产品线设计

产品线的优化设计能帮助公司获得更多的市场份额，提升产品的竞争力，增加公司的总利润[20-26]。现有关于产品线优化的文献主要包括两类：一类是分析模型，其中决策变量(内生变量)通常是连续的，旨在分析模型的特性；另一类是运作模型，其中决策变量通常是离散的，旨在获得最优解。

关于产品线的分析模型，从以下五个方面分别进行综述：

(1)变量类型。在产品线优化问题中，分析模型的目标函数主要是最大化利润[27-31]，利润函数的变量大多是连续的[3,32-35]。模型中内生变量主要是产品的价格、质量、生产数量[4,27,29]等。模型中外生变量主要包括单位成本、固定生产成本、存储成本[36,37]、消费者评估[38]、定制生产的能力[39]等。但是，也有个别文献在研究产品线优化的分析模型中考虑离散变量。Rusmevichientong 和 Topaloglu[10]考虑不确定的参数集合，研究鲁棒组合优化问题，以获得最大的、最坏情况的期望收益，结果发现在静态和动态的设置下，有序收益的组合总是最优的。

(2)顾客选择模型。顾客选择模型包括确定型选择模型和概率型选择模型。大多数研究都使用确定型选择模型[7,30,40,41]，也有一小部分研究使用概率型选择模型。Chen 和 Hausman[42]使用联合分析法和 MNL 建立了一个产品线选择模型，这个二元整数规划模型被松弛为带有连续变量的模型，并且利润函数被证明是凹函数。Du 等[9]基于带有网络效应的 MNL 模型研究产品定价问题，为了便于求解，收益函数被转化为一个超模函数。Wang 和 Wang[14]通过 MNL 模型研究了组合优化问题。考虑差异化产品的价格敏感性和任意的巢系数，Gallego 和 Wang[43]基于 Nested Logit 模型研究了多产品定价问题。他们通过将问题的维度降到一维，证明了利润函数的凹性，同时也研究了寡头价格竞争，并得到了纳什均衡。张宏[44]基于 MNL 模型研究产品线中消费者对产品的选择和购买行为。王春兴和董明[45]基于 MNL 模型研究库存共享策略对产品线选择及定价决策的影响。

(3)市场规模。为了简化优化模型以及便于分析模型的特性，市场规模通常被标准化为 1[28,46,47]。但是，Chayet 等[5]研究了生产能力投资对产品线设计的影响，并且将市场规模定义为泊松过程的比率 λ，分别在专业设施和柔性设施中研究了两种不同产品的优化问题。从产品线开发成本的角度，Krishnan 和 Zhu[48]考虑了高端和低端两个细分市场，研究了发展密集型产品的利润最大化问题。现有研究主要在水平市场中应用概率型选择模型，Zhang 等[49]研究表明概率销售能出现在质量差异化市场中。他们假设有高端和低端两种类型的细分市场，并带有任意的市场规模，同时研究了当需求不确定性存在时，概率销售是否仍是最优策略的问题。

(4)公司之间的竞争模式。在分析模型中，主要有垄断、双寡头和寡头垄断等竞争模式。Wang 和 Wang[14]基于内生网络效应的 MNL 模型，研究了垄断市场中的组合优化问题，发现在一般的条件下，拟有序收益组合是最优的策略。共性策略可以降低生产成本，但是它模糊了产品间的差异性，产品间的相互替代性也总是被加剧。Kim 等[50]研究表明在非支配偏爱结构的垄断市场中，共性策略能缓解产品间的相互替代影响。Dong 等[2]研究了双寡头市场中带有两阶段博弈的产品线定价问题。在第一阶段，每个公司致力于产品线定价或非产品线定价；而在第二阶段，每个公司采取 Nash 或 Leader-follower 的定价博弈。不同于之前的研究，他们将研究内容延伸到互补的产品，并对零售商和制造商的价格进行了内部化。Mendelson 和 Parlaktürk[39]比较了定制公司和扩散公司的产品线竞争的结果，并得到了双寡头市场下的均衡。大多数产品线设计的研究没有考虑资源约束，而 Yayla-Küllü 等[51]研究了容量约束和寡头竞争怎样影响混合产品的决定，发现在资源有限的条件下，公司应该提供每单位容量利润最大的产品。陈志洪等[52]在完全垄断市场环境下，研究了消费者认知对产品线设计策略的影响。姬翔[53]也在垄断的市场环境下，研究了沟通成本如何影响产品线设计的决策。赵道致等[54]研究了垄断市场中消费者低碳偏好程度未知时企业低碳产品线的定价问题。许甜甜[55]研究了市场中存在第三方竞争者时，制造商的产品线扩张策略，并得到了纳什均衡解。

(5)利润函数的凹性研究。凹函数有较好的数学性质，可以容易地求得最优值和最优解，因此在产品线优化问题中，大多数分析模型都被用于证明利润函数是凹函数[47,56,57]。Hanson 和 Martin[58]研究表明基于 MNL 模型的利润函数关于价格是非凹的，他们基于 MNL 模型设计了一个能找到全局最优解的凹的优化模型，然后通过路径跟踪方法获得了原非凹优化模型的全局最优解。Song 和 Xue[59]证明了基于 Logit 模型的收益函数关于变量市场份额是凹函数。Dong 等[60]也证明了海塞矩阵是半负定的，即利润函数关于市场份额是凹函数。基于 NL 模型，Li 和 Huh[61]也研究了利润函数的凹性，他们发现当价格敏感系数和分组有关时，利润函数关于市场份额是凹的；同时，在垄断和寡头市场中，当目标是获得最大利润时，价格和市场份额的解析解都可以获得。Jiang 等[62]研究了基于多水平 NL 模型的多产品定价优化问题。他们证明了当价格敏感系数在每个主巢内相同时，利润函数关于市场份额是凹函数。

关于产品线的运作模型，分别从以下五个方面进行综述：

(1)设计的目标。产品线设计的目标主要包括：最大化公司的总利润[63,64]，最大化总的市场份额[11]，最大化最坏情况的期望收益[1]，等等。为了求解这些优化问题，一些启发式算法或者精确算法被开发。Kumar 和 Chatterjee[65]开发了一个以贪婪算法求解产品线优化的数学规划模型。Camm 等[66]研究了选择份额问题，提出了一个分支定界算法求解这个二元整数线性规划模型。程岩[67]研究了电子商务零售中产品线的动态定价优化问题，并提出一种基于自组织神经网络的 Q 学习算法求解产品线动态定价优化模型。

(2)顾客偏爱测量。在产品线设计问题中，顾客偏爱的测量方法主要有两种，即多维尺度分析(Multidimensional Scaling，MDS)[68,69]和联合分析(Conjoint Analysis，CA)[70,71]。其中，联合分析是被频繁使用的测量顾客偏爱的方法。Schön[64]采用基于联合分析的个性化或群组定价策略，在异质顾客的市场中确定最优产品线选择。Kuzmanovic 和 Martic[6]基于联合分析研究了考虑竞争报复反应的产品线设计优化问题。史天琴[72]采用混合联合分析法，在考虑顾客偏好的情况下，建立了不同决策目标的产品线设计模型，并提出一种求解算法得到产品线设计的最优解。

(3)建模策略。现有文献中，产品线设计优化的建模策略主要有两种：一步法和两步法。Luo 等[73]在考虑负效用的情况下，研究了基于一步法的产品定位问题。Aydin 等[11]基于一步法，结合再制造商品，设计了一个协调制造商、零售商和再制造商的产品线优化模型。Schön[74]基于两步法建立了一个产品线选择模型，可以在合理的时间内对带有凹的目标函数和线性约束的产品线优化模型求解。

(4)市场的竞争模式。在产品线设计优化问题中有不同的竞争模式：垄断、寡头竞争等。Burkart 等[75]在垄断市场中，研究了考虑特定产品容量约束和动态替代的产品线定价问题。对于这个问题的求解，他们比较了分支定界和不同启发式方法的结果。Xia 和 Rajagopalan[76]研究了双寡头竞争下标准产品和定制产品的种类、生产周期和价格。Deng 等[77]通过整合产品线设计和供应商选择，建立了公司之间存在竞争的多目标优化模型，同时开发一种多目标遗传算法以求解这个优化问题。

(5)顾客选择规则。顾客选择行为的研究对于产品线优化问题是至关重要的。前面已经阐述，顾客选择规则主要包括确定型选择规则和概率型选择规则两种。由于概率型选择规则更加实际地仿真顾客的购买行为，它已经被广泛应用到现有的文献中[78-81]。关于概率型选择规则的详细综述，请参见下一小节。

产品线定价是企业开发新产品需要考虑的重要决策问题[82-87]。以往文献大多没有考虑顾客选择行为或者只考虑一种顾客选择模型模拟顾客购买行为，进而研究产品线定价。本书重点应用不同的顾客选择模型(MNL、MDM、MMM)模拟顾客选择行为，并进一步研究产品线定价问题。

2.3 顾客选择模型

模拟顾客选择行为主要应用两种模型：确定型选择模型和概率型选择模型。概率型选择模型能更好地模拟顾客的选择行为，因此它的适用性更加广泛。概率型选择模型(也被称为离散选择模型)描述一个特殊个体的选择行为，它揭示了特定个体行为的选择概率与相关解释变量之间的定量关系[88]。概率型选择模型通常使用效用最大化原则，简而言之，一个决策者的选择行为被建模为选择效用最高的选项。不可能指定和估计一个概率型选择模型，该模型总是能够成功地预测所有人选择的概率。因此可以采用随机效用的概念，这一概念最早出现在心理学的研究中[89]。每个选项的真实效用被认为是随机变量，因此一个选项被选择的概率被定义为它在所有可选方案中具有最大效用的概率。自 Bradley 和 Terry[90] 及 Luce[91] 提出 Bradley Terry Luce(BTL)模型，McFadden[92] 提出多项式 Logit(MNL)模型，概率型选择模型被广泛应用在运输[93,94]、营销[95-97]、运作管理[98]和其他领域。

假设决策者 $i(i\in C)$ 考虑一个选择的集合 $C_n=\{1,\ 2,\ \cdots,\ n\}$，决策者 i 选定 $j(j\in C_n)$ 所得的效用 u_{ij} 被表示为 $u_{ij}=v_{ij}+\varepsilon_{ij}$，其中，$v_{ij}$ 是决策者 i 选定 j 的效用函数的确定性部分，ε_{ij} 是由不确定因素产生的模型的随机扰动项。McFadden[92] 证明，当随机扰动项 ε_{ij} 相互独立且服从同一 Gumbel 极值分布时，n 个选项的 MNL 模型可以表示为：

$$q_{ij}=\frac{\exp(v_{ij})}{\sum_{k=1}^{n}\exp(v_{ik})} \tag{2.1}$$

MNL 模型有简洁的公式和良好的理论基础，已经引起了许多学者的注意[11,73,99-102]。Chen 和 Hausman[42] 基于 MNL 模型用联合分析法研究了产品线选择问题。针对短期售卖季节的产品，Dong 等[60] 基于 MNL 模型开发了一个动态定价模型，并证明利润函数是凹函数，同时比较了静态定价、统一动态定价和混合动态定价三种不同定价机制下的利润表现。Kwong 等[70] 基于 MNL 模型建立了一个多目标的产品线优化模型，包括最大化产品的市场份额、最小化总开发成本和最小化总的产品开发周期，同时开发对应的多目标遗传算法来求解这个问题。Wu 和 Chen[71] 建立了一个基于 MNL 的产品线定价模型，并结合遗传算法和差分进化算法开发了一个双层算法，较好地解决了这个混合整数非线性规划问题。

国内也有许多学者致力于 MNL 模型的研究。牟博佼等[103]基于 MNL 模型分别对寡头生产商生产一种竞争产品和两种非替代性产品进行了研究。随后，牟博佼等[104]于 2010 年又基于 MNL 模型分别研究了生产商定价和零售商定价模式下的最优产品定价和库存决策。针对易逝性产品特点，官振中和史本山[105]基于 MNL 模型研究了易逝性产品的收益管理订购和定价策略，并应用威布尔主观价值需求函数对模型进行了模拟分析和讨论。李德春和肖岳峰[106]基于 MNL 模型研究了快速消费品的促销效果评估，并通过调取消费品女士卫生巾的数据进行实证分析，验证了评估模型的可行性。郭捷和李永壮[107]基于 MNL 模型对液态奶制品进行了特征因素分析，对顾客选择偏好进行了探讨。

曹海娜[108]首先基于 MNL 模型建立了平行航班舱位控制模型，航空公司将根据已知的价格集合动态控制各价格等级的舱位数量来实现收益最大化；其次建立了考虑乘客选择行为的平行航班动态定价模型；最后建立了基于乘客分类的平行航班舱位控制与动态定价联合模型。李鹏程[109]基于多项 Logit 模型，研究了出行者个人、家庭的出行属性对选择摩托和电动车、小汽车、公交车、自行车 4 种出行方式的影响。苗蕴慧等[110]在考虑电信套餐的多个属性及其参考点的前提下，借鉴参考依赖模型改进传统的 MNL 模型，预测有限理性的消费者选择套餐的行为，并且在各个属性参考点的设定上分别采用了两种方法。卢明强和陈丽军[111]以大庆湿地社区为案例地，设计了“仅金钱”“仅劳动”“两者皆愿意”“两者皆不愿”4 个贡献意愿类型，通过问卷调查统计社区居民的贡献意愿现状，并运用 MNL 模型分析社区居民个人特征对贡献意愿选择偏好的倾向性影响及边际影响。

严海等[112]以行人路径的完整过程为研究基础，分析组成路径的不同设施对行人路径选择以及路径效用的影响，同时对同种类型设施在不同路径中的效用值做了深入的调查分析，并根据效用最大化理论，建立了改进的 Multinomial Nested Logit 模型和路径效用函数。孙波[113]以调查问卷为基础，结合苏州高新区交通出行者的出行特征建立 MNL 模型，并使用离散选择模型专用计算软件——BIOGEME 进行计算，计算出满足出行者出行需求的运力结构，通过比较现状与计算的运力结构，提出了符合苏州高新区居民出行需求的最佳运力结构，并对高新区公共交通可持续发展提出了建议。乔磊[114]运用行为投资组合理论和随机效用理论建立 MNL 模型，来描述投资经理的实际投资行为，然后运用 14 只优秀标准混合型基金的投资数据进行实证分析，得出“可参照的”投资组合比例。高续[115]通过定制公交出行意向调查，基于随机效用最大化理论，选择了费用、车内时间、车外时间及出行者相关属性作为效用变量，构建了包含多种交通方式选择的 MNL 模型，并借助 BIOGEME 软件进行参数估计，预测出定制公交的分担率。

MNL 模型可用于描述顾客选择产品的随机决策过程，预测顾客对产品的选择概率，估计顾客对于市场中新产品的潜在需求。但是，MNL 模型有严格的假设，要求不相关选项是独立的（IIA），且误差项服从独立且相同的 Gumbel 分布（IID）。其中 IIA 特性表明两个选项的选择概率的比率不依赖于其他选项，而不考虑其相似性。当产品之间有许多共同的属性时，MNL 模型往往会夸大市场份额，从而产生错误的选择预测。在实际中，有很多产品之间的效用不是独立的例子，这常常通过“红巴士/蓝巴士”悖论[13,116]和其他相似产品间的选择问题来证明。在这些问题中，不同的属性被配置成不同的产品，共同属性的共享导致产品之间效用的相关性很高。在这种情况下，如果忽略效用之间的相关性，得到的选择概率可能是不精确的，因此 MNL 模型的应用受到限制。

鉴于 MNL 模型的局限性，Williams[117]提出了 Nested Logit（NL）模型，它是 MNL 模型的一个扩展，研究了各个选项之间的相关性。首先把选择集 C_n 分割成 M 个巢，每个巢为 C_{mn}（$m=1, \cdots, M$），且

$$C_n = \bigcup_{m=1}^{M} C_{mn} \tag{2.2}$$

$$C_{mn} \cap C_{m'n} = \varnothing, \quad \forall\, m \neq m' \tag{2.3}$$

如果一个选项 $j \in C_{mn}$，则效用函数为 $u_{jn} = \tilde{v}_{jn} + \tilde{\varepsilon}_{jn} + \tilde{v}_{C_{mn}} + \tilde{\varepsilon}_{C_{mn}}$，误差项 $\tilde{\varepsilon}_{jn}$ 和 $\tilde{\varepsilon}_{C_{mn}}$ 被认为是独立的。和在 MNL 模型中一样，误差项 $\tilde{\varepsilon}_{jn}$ 被假设是独立的且服从相同的 Gumbel 分布，并且带有尺度参数 μ_m（对应每个巢里的 μ_m 可以是不同的）。像随机变量 $\max_{k \in C_{mn}} u_{kn}$ 一样，误差项 $\tilde{\varepsilon}_{C_{mn}}$ 服从带有尺度参数 μ 的 Gumbel 分布，参数 μ 和 μ_m 反映巢 C_{mn} 中各选项的相关性。在选择集合里每个巢都对应一个综合效用

$$v_{C_{mn}} = \tilde{v}_{C_{mn}} + \frac{1}{\mu_m} \ln \sum_{k \in C_{mn}} e^{\mu_m \tilde{v}_{kn}} \tag{2.4}$$

个体 n 在巢 C_{mn} 中选择选项 j 的概率是

$$q(j \mid C_n) = q(C_{mn} \mid C_n)\, q(j \mid C_{mn}) \tag{2.5}$$

其中

$$q(C_{mn} \mid C_n) = \frac{e^{\mu \cdot v_{C_{mn}}}}{\sum_{l=1}^{M} e^{\mu \cdot v_{C_{\mathrm{ln}}}}} \tag{2.6}$$

$$q(j \mid C_{mn}) = \frac{e^{\mu_m \tilde{v}_{jn}}}{\sum_{k \in C_{mn}} e^{\mu_m \tilde{v}_{kn}}} \tag{2.7}$$

$$0 \leqslant \frac{\mu}{\mu_m} \leqslant 1 \tag{2.8}$$

在 NL 模型中，产品被分为几个组。顾客首先选择一个组，然后他只能从被选择的组中选择一个产品。NL 模型是对 MNL 模型的直接改进，由逻辑划分、结构系数与 MNL 子模型共同构成，缓解了不相关替选方案的独立性问题，应用范围比 MNL 模型更广泛[118-125]。但巢式层次结构的构造没有一定的规则可循，采用不同划分方式得到的计算结果也不尽相同。

随后，Hausman 和 Wise[126] 提出多项式概率（Multinomial Probit，MNP）模型，它是在随机误差项服从联合正态分布的假设条件下得到的。假设误差

项 ε_n 服从均值为 0 和协方差矩阵为 Ω 的正态分布，则选择的概率为：

$$\begin{aligned} q_j &= \mathrm{Prob}(v_j+\varepsilon_j>v_k+\varepsilon_k,\ \ \forall j\neq k) \\ &= \int I(v_j+\varepsilon_j>v_k+\varepsilon_k,\ \ \forall j\neq k)\cdot\varphi(\varepsilon_n)d\varepsilon_n \end{aligned} \tag{2.9}$$

其中，$I(\cdot)$是括号内的式子是否成立的指示函数，当括号内的项为真时等于1，否则为0；$\varphi(\varepsilon_n)$是 ε_n 的概率密度函数。这一积分涵盖了所有的概率值，是非封闭型的，所以必须通过数学模拟来估计概率值，常用的模拟方法包括极大似然模拟(Simulated Maximum Likelihood)、瞬间模拟(Simulated Moments)、频率模拟(Frequency Simulator)等。MNP 模型缓解了 IIA 特性，但是模型假设随机误差项服从正态分布。

McFadden[127]又提出广义极值(Generalized Extreme Value，GEV)模型，这个模型也缓解了 IIA 特性。Kamakura 和 Russell[128]开发了 Latent Class (LC)模型，McFadden 和 Train[129]提出了 Mixed Logit(MIXL)模型。MIXL 模型也缓解了 IIA 特性，但是它假设随机误差服从相同的极值分布。

基于传统的概率选择模型，一些学者也提出了其他的概率选择模型[130,131]。Fiebig 等[78]建立了一个广义的多项式 Logit(G-MNL)模型，研究规模和系数的异质性对于顾客偏爱的影响。不同于之前的顾客效用最大化假设，Stüttgen 等[132]基于“满意”的思想提出了一个选择模型。为了研究组合优化问题，Wang 和 Wang[14]开发了一个内生网络效应的 MNL 模型，这个模型不需要满足 IIA 特性。Kim 等[79]提出了一个序列搜索的概率选择模型，这个模型避免了部分解析模型的高维积分计算。Blanchet 等[133]建立了一个马尔可夫链选择模型求解组合优化问题。在柔性的假设条件下，马尔可夫链模型对于一般的选择模型是一个好的近似。基于马尔可夫链选择模型，文献中提出的组合优化问题能在多项式时间内求解。Elimination by Aspect(EBA)模型[134,135]被认为比传统的选择模型更加实际地反映了顾客的选择过程。EBA 推广了 Rank-ordered Logit 模型、MNL 模型[136]，也推广了 NL 模型和 CNL 模型[137]。

逯婷婷[138]针对四阶段法中出行生成、出行分布和方式划分的不足，提出应用多层 Nested Logit 模型进行出行链需求预测，结合 Nested Logit 模型的理论与结构框架，建立出行发生—目的地选择—方式选择的三层 NL 模型，通过自下而上选择变量进行建模和参数标定与检验，将个人出行选择过程更真实地反映出来，优化出行需求预测模型。黄瑞锦和顾高峰[139]将混合 Logit 模型应用于在北京市收取的问卷数据，开展模型实证研究，以分析电动汽车购买意愿。通过与 MNL 模型相比较，结果显示混合 Logit 模型有更好的拟合优度，可以避免样本间异质性导致的误差。刘勇和赵保国[140]采用 Mixed Logit 模型分析营销变量如何影响顾客的品牌选择及市场份额，发现礼品促销等给顾客带来具体利益的促销影响最大；同时通过模型比较，发现 Mixed Logit 模型比 MNL 拟合效果更好。李雪飞[141]为了克服基于传统 Logit 的交通分配模型所存在的不相关备选方案的独立性(IIA)，采用考虑路径重叠的路径感知 Logit(RPL-O)模型和路径尺度修正 Logit(PSCL)模型，分别构建了基于 RPL-O 和 PSCL 的随机用户平衡模型，并证明了模型的等价性以及解的唯一性。方友斌和叶芃[142]以大学生为例，采用离散选择模型对影响电信客户选择资费套餐行为的因素进行了研究。结果表明，运用嵌套 Logit 模型比多元 Logit 模型更能解释影响客户选择资费套餐行为的因素。李晓卿[143]构建了三层嵌套 Logit 模型，对目前的汽车产业相关政策的实施效果进行分析，并通过调整政策相关参数，包括车辆购置税、燃油附加税等税率，设定了一系列政策模拟情景，进一步分析政策及其改进对消费者购车选择乃至汽车销售量的影响。

近年来，Natarajan 等[15]提出了两种新的概率型选择模型：Marginal Distribution Model(MDM)和 Marginal Moment Model(MMM)。在 Feng 等[16]的文献中，MDM 和 MMM 被归为一类新的选择模型——半参数选择模型(Semiparametric Choice Model，SCM)。当效用误差的边际分布函数已知时，

可以应用 MDM；当效用误差的均值和方差已知时，可以应用 MMM。这两个模型有简单的公式和较弱的假设限制，能克服 MNL 模型的 IIA 问题。Mishra 等[17]进一步研究了 MDM 和 MMM 的特性，发现 MNL 模型可以通过效用误差项服从指数分布的 MDM 得到，MMM 可以通过效用误差项服从 t 分布的 MDM 得到，而 GEV 模型可以通过效用误差项服从广义指数分布的 MDM 得到。MMM 不必知道误差的具体分布函数就可以被应用，因此相比于 MDM，MMM 有更多的优势，也有更好的适用性。

基于以上分析发现，MNL 模型适用于相似性很低、共同属性较少的产品之间的选择行为，MDM 适用于顾客购买产品获得效用的累积分布函数已知的情况，而 MMM 适用于顾客获得效用的均值和方差已知的情况。因此，本书进一步应用 MNL 模型、MDM 和 MMM 模拟顾客选择行为，从不同问题视角进一步研究产品线定价问题，并对几个常用的概率型选择模型进行对比分析。

2.4 鲁棒优化

经典的数学规划问题是：准确知道数据并且在一些确切的假设条件下建立模型，利用已有的方法求解数学规划问题并得到最优解。这种方法没有考虑数据不确定性对最优解的影响。在实际中，由于许多主观或者客观因素，决策者不能精确地知道模型的所有参数。这时，当数据的取值不同于真实值时，一些约束可能不满足，利用经典的数学规划得到的最优解可能也不再最优甚至无法得到最优解。因此，需要找到一种优化方法，使其最优解不受数据不确定性的影响，这种方法就是鲁棒优化方法。

鲁棒优化是研究不确定性的一种优化方法[144-149]，源自鲁棒控制理论，其目的是寻求对于不确定的输入都能有良好性能的解[150,151]。不确定性包括几个方面：参数不确定、模型结构不确定、约束或者目标函数不确定等。传统的处理数据不确定性的优化方法包括随机优化、敏感性分析等，但鲁棒优化不同于这两种优化方法，它是随机优化和敏感性分析的替换和补充。鲁棒优化已经被应用到医疗系统决策、风险管理、能源规划、投资组合优化等方面，例如，产品定价[144,152,153]、组合选择[154,155]、设施选址[156-158]、存储理论[159]、平台调度[160]、供应链问题[161]，涉及管理学、运筹学、投资学和金融学等学科[162-167]。

采用鲁棒优化作为解决不确定性问题的一种新方法的是 Soyster[168]，他利用鲁棒优化思想求解不确定线性规划问题。后来，Falk[169]利用鲁棒优化方法求解了非精确的线性规划问题。直到 19 世纪末，Ben-Tal 等[170]又对鲁棒优化进行了研究，同时半定优化和凸优化飞速发展，把鲁棒优化的研究又推向一个高潮。

国内有很多学者致力于鲁棒优化在各个领域的研究[171-178]。张萍[179]对供应链管理建模中的不确定性问题进行研究，并利用鲁棒优化方法进行解决，在客户需求不确定、生产不确定和物料供应不确定的情形下，建立了生产—库存—运输协调的鲁棒优化模型，设计开发了基于鲁棒优化的供应链管理原型系统。于丽萍等[180]在多产品、多阶段的供应链中，考虑资本成本和需求的不确定性，建立了鲁棒优化模型，并得到具有鲁棒性的最优解。周伊佳[181]建立了共享不确定参数的鲁棒优化模型，即研究目标和约束有相同不确定参数的优化问题，并将优化模型应用到投资组合和风险管理等问题中。孙华[182]运用鲁棒优化方法对不确定需求的城市交通网络设计问题进行建模，并探讨求解算法。程书恒[150]考虑集装箱运输易受各种不确定性因素影响，以集装箱运输总成本最小为目标，利用鲁棒优化对集装箱海运网络进行研究，并应用改进的最大—最小蚁群算法进行求解。孙国强等[183]考虑可再生能源发电出力和电力市场电价的不确定性，在碳排放的约束下，建立了鲁棒优化竞标模型。高莹等[184]考虑经济因素的不确定性，建立了资产组合的鲁棒优化模型。张玲等[185]针对应急救灾网络构造模型中的不确定性数据，以最小最大后悔值为准则构建鲁棒优化模型，并通过数值实验验证了模型的鲁棒性以及算法的有效性。

彭春华等[186]为了协调系统调度中可靠性与经济性之间的矛盾，提出引入不确定性预算的概念以实现不确定区间可调节鲁棒优化，弥补盒式集合鲁棒优化偏于保守的不足，构建可靠性与经济性相协调的含光伏电站的电力系统不确定区间可调节鲁棒优化调度模型。邱若臻等[187]在离散需求情景概率不确定的条件下，建立基于最大最小方法的多周期库存鲁棒优化模型，考虑需求分布分别隶属于区间和椭球不确定集两种情形，运用对偶理论将多周期库存鲁棒优化模型转化为易于求解的凸规划问题。孙华丽等[188]基于鲁棒优化思想，建立了以物资送达需求点救援时间之和最小为目标的应急设施选址—路径鲁棒优化模型，采用CPLEX进行求解。最后通过仿真实验证明了鲁棒优化方法处理需求量和车辆运输时间不确定问题以及偏差鲁棒优化方法处理设施点失灵风险的有效性和鲁棒性。李孟良等[189]针对灾后应急物资多式联运优化问题，考虑物资需求量、需求优先级、路网交通状况等不确定因素，以应急救援总费用最小、响应时间最短和应急物资未满足灾区需求的惩罚费用最小为目标，结合公路、铁路和航空运输方式特点，基于鲁棒优化理论，建立多情景下应急物资多式联运调配策略模型。

王旭强等[190]以系统运行总成本最小为目标函数，建立电—气互联综合能源系统随机规划模型，采用矩不确定分布鲁棒优化方法(DROMU)，构建风电出力和电力负荷的矩不确定集合，在源荷双重不确定集合下将随机规划模型转化为矩不确定分布鲁棒优化模型，通过拉格朗日对偶原理将鲁棒模型转化为确定性的半正定规划模型进行求解。赖志柱等[191]利用离散的情景集合描述受灾点应急物资需求的不确定性以及应急物资运输成本和运输时间的不确定性，同时考虑应急救援成本和应急救援时间两个目标，建立了多目标应急物流中心选址的确定型模型和鲁棒优化模型。庄广达[192]对需求确定下的班轮航线配船方法进行新的探索，构建需求不确定下班轮航线配船的鲁棒优化模型，将鲁棒优化结果与确定性模型最优解进行比较。许闯来等[193]以需求确定模型为基础，构建基于情景集的鲁棒优化研究模型，并根据变化的快件数量，重新分配客户服务时间；通过计算每条路径的旅行时间，在满足时间窗的基础上，实现对自有车辆的最大利用。凌万水和刘刚[194]为优化配置作为分布式发电的有效管理平台的主动配电网，针对含分布式发电并网的主动配电网优化配置问题，给出一种基于鲁棒优化理论的优化配置模型。所建立的模型能够计算风光出力不确定性对配置结果的影响，从而适用于主动配电网优化配置方案制定。万波和陈琴[195]用相对后悔值限定系数 p 来限制实际旅行成本与最优期望旅行成本的差距，以减少不确定需求对选址决策的不利影响，建立了需求不确定情况下基于鲁棒优化的层级设施选址模型，利用遗传算法求解，并以武汉市某区的医院选址为例进行了案例分析。

国外学者研究鲁棒优化通常包括两个目标：最大最小收益和最小最大遗憾。一些文献研究鲁棒优化旨在获得最大最小收益。基于 MNL 模型，Rusmevichientong 和 Topaloglu[10]研究不确定参数集合中最大化最坏情况期望收益的鲁棒组合优化问题，证明无论在静态还是在动态设置下，有序收益组合(Revenue-ordered Assortments)总是最优的。Goldfarb 和 Iyengar[154]考虑参数的不确定性结构，研究如何制定和解决鲁棒的组合优化问题。Ferrer 等[196]提出一个考虑需求不确定和决策者风险规避程度的鲁棒优化模型，通过数值实验比较了不同风险水平和需求函数对应的价格。Bertsimas 和 Mišić[1]研究考虑顾客选择模型中参数不确定性和结构不确定性的鲁棒产品线设计模型，计算实验证明考虑模型不确定性是必要的。

有一些文献以最小最大遗憾为目标研究鲁棒优化问题[197,198]。Bergemann 和 Schlag[199]研究一个考虑模型不确定性的鲁棒优化垄断定价问题，研究了两个不同的目标决策：最大最小效用和最小最大遗憾。Handel

和 Misra[200] 研究一个鲁棒的新产品定价问题，考虑真实顾客需求的不完全信息问题建立了一个最小最大遗憾模型，同时在静态市场和动态市场中，求解同质顾客和异质顾客场景下的最优产品价格。

应用鲁棒优化研究产品线定价的文献中，大多没有考虑顾客选择行为。而对顾客选择行为的模拟是产品线优化问题中的重要研究内容；同时，考虑模型中参数的不确定性，也是重要的实际问题。因此，本书应用 MNL 模型模拟顾客的选择行为，将其应用到产品线定价问题中，应用鲁棒优化研究参数的不确定性，并求解最大最小收益问题。

2.5 网络效应

随着网络经济的快速发展，传统的消费结构发生了很大的变化，研究复杂的网络效应对新产品开发和定价的影响已经成为一个重要的学术课题[201-206]。当顾客购买产品获得的效用取决于相同或相似产品的销量时，该产品会显示出网络效应或网络外部性[14]。最早的关于网络效应的研究是由 Leibenstein[207] 于 1950 年提出的“势利效应”(Snob Effect)和“彩车效应”(Bandwagon Effect)，他认为消费者经常会有一种从众心理，消费者愿意根据大多数人的选择来决定自己的选择。

网络效应通常包括两方面：正的网络效应和负的网络效应。有许多产品表现出正的网络效应，例如网络游戏、社交软件(QQ、微信、Facebook、微博)、在线电影、团购商品等，越多的人购买或使用它们，顾客能获得越多的效用。有一些产品表现出负的网络效应，如交通方式的选择、个性化顾客对产品的选择等，选择这些产品或服务的人越多，购买相同或相似产品的顾客获得的效用将越少。刘志勇和叶飞[208] 基于免费和付费游戏的运营模式，分别研究了正的网络效应和负的网络效应对两种不同收费运营模式的收益影响。吕通和史乐峰[209] 针对共享汽车租赁市场，分别研究正网络效应和负网络效应对网点利润的影响，研究发现当正网络效应占主导时，边际利润随着网络扩展先减后增，当负网络效应占主导时，边际利润随着网络扩展先增后减。汪东芳和曹建华[210]发现互联网对中国全要素能源效率的正向促进作用是非线性的，在一定范围内，随着互联网使用规模的增加，其影响作用也会跳跃性地变大，即存在网络效应。吴勇和李倩[211]为了深入探究网络外部性效应对 Web 2.0 价值共创模式的影响，构建了考虑网络效应的网络平台双边用户参与价值共创的理论模型，发现消费者数量的增加会进一步提高该服务的价值，并吸引更多商户参与，由此产生正向网络外部性效应。

许多公司提供具有网络效应的产品，以满足不同顾客的需求，获得最大的利润。主要有两类关于网络效应的研究：一类是全局网络效应，其中顾客购买一个产品获得的效用取决于这个产品的总销量；另一类是局部网络效应，其中顾客获得的效用仅取决于他的“邻居”购买这个产品的数量。

关于网络效应的研究大多集中在全局网络效应上[212-216]。对于新产品定价问题，Du 等[9]建立了考虑网络效应的 MNL 模型，在同质系数和异质系数情况下分别分析了最优价格和最优市场份额的性质，发现即使对于同质系数情况，当网络效应存在时产品的最优定价也可能是不同的。不同于 Du 等[9]，Wang 和 Wang[14]基于内生网络效应的 MNL 模型研究了组合优化问题，发现在一定条件下拟有序收益的组合(Quasi-revenue-ordered Assortment)是最优的。另外文献表明，如果网络效应确实存在，在优化过程中考虑网络效应是非常必要的。

刘晓峰等[217]研究了在两个厂商的双寡头市场中，为了实现自身利润最大化考虑网络外部性的动态定价问题。滕颖和唐小我[218]、胥莉和陈宏民[219]都研究了寡头竞争市场中考虑网络外部效应的价格歧视问题，并得到纳什均衡。王玮和陈丽华[220]分析了网络效应对企业的最优产品策略的影响，发现除了网络效应的强度和产品质量，消费者预期也影响最优产品的策略。周文辉等[221]基于淘宝案例分析，从双边市场价值共创和平台服务产品出发，研究如何激发、扩大与优化网络效应。颜锦江等[222]研究在寡头市场中，网络效应对供应链分散式和集中式两种决策下的动态竞争策略的影响，发现网络效应的存在提高了产品的销量和价格。易余胤等[223]考虑产品的网络效应，分别针对制造商主导和零售商主导的供应链系统，比较四种延保服务模型中企业获得的利润值，并探讨最优的延保服务模式及其存在的条件。

刘洋和廖貅武[224]以 APP Store、Android Market 等平台上的应用软件为研究对象，以信息产品定价理论和博弈论为理论基础，通过建立两阶段的经济学模型，研究在线评分机制和信息产品网络效应的共同作用下垄断应用软件开发者的最优产品定价策略。冯永晟和张昊[225]围绕网络效应深入分析网络需求行为和网络市场规模问题，以覆盖全国的市级邮政快递行业为例，使用结构计量方法研究了网络需求行为的特征、网络型产业的市场规模扩张特征及驱动因素的作用机制。邹小红等[226]通过构建供应链金融平台与融资企业融资的演化模型，分析了网络效应对供应链金融平台和融资企业策略选择影响的演化路径。模型解析和数值仿真结果表明，加强供应链金融平台的品牌建设，提高网络效应水平，优化平台服务等是促进平台型供应链金融发展的有效措施。张红彬等[227]以滴滴打车平台为案例，分析了社交网络结构特征与平台价格补贴机制对共享经济平台网络效应的影响，以及社交网络关系强度的情境作用。研究发现，共享经济平台的社交网络密度、网络中心性、平台价格补贴机制均对网络效应有积极的影响。傅亚平和赵晓飞[228]以用户使用社交性网络服务（SNS）网站的参与动机和参与强度关系为研究目的，运用动机理论和网络效应理论，构建基于网络外部性的 SNS 网站用户参与动机和参与强度关系模型，选取人人网用户作为调研对象，通过问卷调查方式进行实证研究。

还有一些针对局部网络效应进行的研究。Candogan 等[229]研究垄断者对于产品的最优定价策略，其中顾客有局部网络效应，即顾客的购买水平直接取决于他的社交网络结构中“邻居”对该商品的使用水平。Bloch 和 Quérou[230]研究社交网络中的最优垄断定价问题，考虑了局部网络效应对定价规则的影响，发现这种影响取决于市场结构（垄断或者寡头竞争）和外部性（消费或者价格）。

周琦萍等[231]研究了局部网络效应对新产品竞争的影响，研究结果表明，在局部网络效应下，影响新产品竞争扩散的关键因素是社会网络中消费者的交互作用，增加产品的自身内在价值也可以增强竞争优势。随后，周琦萍和杨芳[232]又研究了局部网络效应下的数字信息产品竞争兼容策略，应用计算实验的方法分析了不同社会网络结构、产品的兼容策略和内在价值对具有局部网络效应产品竞争扩散的影响。段文奇和陈忠[233]建立了局部网络效应模型，研究产品质量和安装基础对新产品成功的影响，通过数值仿真发现，产品质量是影响新产品成功的关键因素，安装基础的作用其次。赵良杰等[234]从产品生命周期视角出发，研究局部网络效应对产品扩散的影响。

国内也有很多学者从直接网络效应、间接网络效应和交叉网络效应等角度对网络效应进行研究。直接网络效应指顾客从某种产品得到的效用随着使用人数的增加而增加的现象，如电子游戏，用户玩电子游戏获得的效用随其他玩家数量的增加而增加；间接网络效应是指顾客从某种产品得到的效用与该产品的互补品有关，互补品增多会间接地增加顾客的效用，如充电桩等配套设施的增加会使用户使用电动汽车的效用提高；交叉网络效应是基于双边市场而言的，平台一边使用人数的增加会提高平台另一边顾客的效用，如电子商务平台上卖家的增多会使买家购买某产品的效用增加。

傅瑜[235]分别研究了直接网络效应、间接网络效应和交叉网络效应对企业竞争策略的影响，并发现在直接网络效应下，自身产品的网络规模是主要竞争要素，在间接网络效应下，互补品的规模是关键竞争要素，在交叉网络效应下，产品的定价结构是主要竞争要素。赵保国和余宙婷[236]分别构建了直接网络效应、间接网络效应的效用函数和个体决策模型，通过数值仿真研究网络效应对竞争性产品的微观扩散影响。顾吉锋[237]通过嘉兴市银行卡产品的实证分析，研究交叉网络效应对收单市场和发卡市场的双边市场的影响。孙晓华等[238]基于直接和间接网络效应，利用混合 Logit 模型和实验方法研究了顾客的局部网络效应对电动汽车使用情况的影响。王先甲和余子鹤[239]在双边平台下，从卖者和买者的角度分别研究网络效应对平台均衡的市场份额和市场利益的影响。胥莉等[240]通过实证分析研究在广告支持型的双边市场中，交叉网络效应对用户选择即时通信工具的影响。

王法涛[241]基于电子商务主平台及其从属平台的交叉网络外部性，拓展已有双边市场分析框架，分别构建联营开放电子商务平台、自营半开放电子商务平台、物流电子商务平台、金融电子商务平台四种模式下的多边市场收益模型，并讨论各种商业模式下的平台定价与利润。池毛毛等[242]基于信息系统持续使用的相关文献，从共享住宿平台房东的角度，以同边网络效应和跨边网络效应视角探索房东对共享住宿平台持续参与意愿的影响机理，为共享住宿平台的长期稳定发展提供了一定理论依据，并对旅游行业如何接纳和发展共享经济模式具有现实意义。刘韬和郑海昊[243]以间接网络效应理论为指导，对现有的高等在线教育传播体系进行重构，在传播内容、平台、定位和媒体革新的基础上，传播效果也将在信息、情感、态度和行为四个层面协同显现。李震和王新新[244]从新经济环境下的多平台竞争模式出发，探究平台内网络效应和跨平台网络效应的形成途径和作用机制，挖掘跨平台网络效应的主要表现形式，并指明未来互联网商务平台网络效应的研究方向，以期为国内外从事网络效应研究的学者提供借鉴。李静和张玉林[245]在跨市场网络效应和双边平台特性下，建立序贯博弈模型，研究平台进行业务拓展时的定价策略，研究结果表明平台定价策略受用户基础、交叉网络外部性和跨市场网络效应的影响。

以往大多数研究网络效应的文献都应用 MNL 模型模拟顾客选择行为。虽然 MNL 模型公式简洁，应用效果较好，但是它也存在着一定的缺陷，如 IIA 问题在实际中有时并不满足。而 MMM 的假设较弱，应用效果较好。因此本书将网络效应考虑到 MMM 中，并进一步研究产品线定价问题。

2.6 本章小结

本章首先对本书的主要研究对象——产品线优化设计进行了介绍和国内外相关研究综述，并对产品线设计的相关问题进行总结；其次，针对产品线设计中一个重要的研究领域——顾客选择模型进行了相关研究的综述；再次，为了更加实际地研究产品线优化问题，考虑了模型中不确定参数的鲁棒优化问题，对鲁棒优化的相关方法论进行简介和综述；最后，考虑到顾客购买产品时容易受到相同或相似产品销量的影响，对这种展现出产品网络效应的相关研究进行了详细综述。

第3章

基于MNL模型的鲁棒产品定价研究

3.1 引言

在现存的产品线优化设计的文献中，通常假设顾客选择模型的参数都是已知的，公司准确地知道顾客选择模型的每个参数，例如，顾客对产品的评估参数。但是，在实际中，由于不完全信息、小样本数据或者顾客自身的因素，公司可能对一些参数的值并不确定。这时，基于确定参数设计的产品线模型可能得到与真实利润差别很大的理论利润值。考虑制造成本和时间等，公司不可能频繁地设计和改变产品线。因此，在产品线设计过程中，顾客选择模型的参数不确定性是一个需要考虑的重要因素。

在本章中，研究了考虑顾客选择模型参数不确定性的产品线定价问题。不同于一般产品线定价模型中最大化收益的目标，本章提出了最大化最小收益的鲁棒产品定价模型。这个模型受 Handel 和 Misra[200]启发，但是本章的模型和该文献中的模型有两点主要差异：①当设计鲁棒的产品定价模型时，本章重点研究顾客的选择行为。在考虑 MNL 模型的参数不确定性基础上，本章研究了鲁棒产品线定价问题，而该文献没有考虑顾客的选择行为。②本章和文献有不同的优化目标。该文献提出了一个鲁棒的新产品定价模型，旨在实现最小化最大后悔(Minimax Regret)的目标。而本章建立了一个鲁棒的产品线定价模型，旨在获得最大化最小收益(Maximin Revenue)。

3.2 产品定价策略

本节研究产品线鲁棒定价的一种特殊情况——开发单个产品的鲁棒定价问题，分别研究静态的产品定价和动态的鲁棒定价，并分别针对同质和异质顾客进行了研究。

3.2.1 静态定价模型

本节主要研究基于 MNL 模型的静态的新产品定价问题，静态模型意味着新产品的价格在整个销售阶段是不变的。在考虑同质顾客偏好和异质顾客偏好的基础上，分别建立精确模型和鲁棒模型以获得最优收益。

3.2.1.1 精确模型

在精确模型中，假设垄断厂商开发一种新的产品以使收益最大化。新产品的边际成本假设为 0[9,200]，公司面临着许多对产品有不同偏好的顾客。在这部分，下标 n 表示精确模型。假设顾客 $i(i=1, 2, \cdots, m)$ 对新产品有一个评估为 a_i，并且公司能准确地知道这个评估值。定义 $p_n(p_n>0)$ 为公司对产品的定价，为了便于分析，假设顾客通过购买这个新产品获得的效用 $v_{ni}=a_i-p_n$[59,61]。当顾客获得效用非负时，即 $v_{ni}=a_i-p_n\geqslant 0$，顾客根据 MNL 模型的概率可能购买这个产品。相反，如果顾客获得的效用是负的，即 $v_{ni}=a_i-p_n<0$，顾客将不会购买这个产品。假设顾客至多购买一个产品，顾客 i 购买这个新产品的概率 q_{ni} 为

$$q_{ni}=\frac{e^{v_{ni}}}{1+e^{v_{ni}}}=\frac{e^{a_i-p_n}}{1+e^{a_i-p_n}} \tag{3.1}$$

则 $1-q_{ni}$ 表示顾客 i 不买这个新产品的概率。

对于非垄断市场，假设有 n_1 个竞争产品。顾客 $i(i=1, 2, \cdots, m)$ 购买新产品的概率为

$$q_i = \frac{e^{v_i}}{e^{v_i} + \sum_{j=1}^{n_1} e^{v_{ij}}} \tag{3.2}$$

其中，v_{ij}被公司已知。对于非垄断市场能获得类似于垄断市场的结果，因此本节将主要研究垄断市场的结果。

(1)考虑同质偏爱的收益最大化问题

本部分中假设所有顾客都是同质的，即他们对新产品有相同的偏爱。在这个假设下，可以等价地考虑只有一个代表性的顾客在市场中，即$m=1$，用下标o表示带有同质偏爱的参数，在MNL模型下的顾客选择概率为

$$q_{no}(p_{no}) = \frac{e^{v_{no}}}{1+e^{v_{no}}} = \frac{e^{a-p_{no}}}{1+e^{a-p_{no}}} \tag{3.3}$$

当效用$v_{no}=a-p_{no}\geqslant 0$时，顾客以概率$q_{no}$购买这个产品。定义函数

$$t_{no} = \begin{cases} 1, & a \geqslant p_{no} \\ 0, & a < p_{no} \end{cases} \tag{3.4}$$

公司获得的期望收益被表示为

$$f_{no}(p_{no}) = p_{no} q_{no}(p_{no}) \cdot t_{no} \tag{3.5}$$

精确的产品定价问题被陈述为

$$Z_{no}^* = \max_{p_{no}} f_{no}(p_{no}) \tag{3.6}$$

Hanson 和 Martin[58]已经指出收益函数关于价格变量是非凹的，因此在收益函数中，自变量被转化为购买概率。根据MNL模型，价格被表示为

$$p_{no}(q_{no}) = a - \log q_{no} + \log(1-q_{no}) \tag{3.7}$$

收益函数被转化为

$$f_{no}(q_{no}, a) = [a - \log q_{no} + \log(1-q_{no})] \cdot q_{no} t_{no} \tag{3.8}$$

同时，产品定价问题被陈述为

$$Z_{no}^* = \max_{q_{no}} f_{no}(q_{no}, a) \tag{3.9}$$

在基于 MNL 模型的产品定价问题中，最优解可以用朗伯 W 函数表示成解析表达式[61,246]。$W(x)$ 是 w 的解且满足

$$x=we^{w} \tag{3.10}$$

当 $x\geqslant 0$ 时，朗伯 W 函数是正的、单调增加的且为凹的(见图 3-1)。

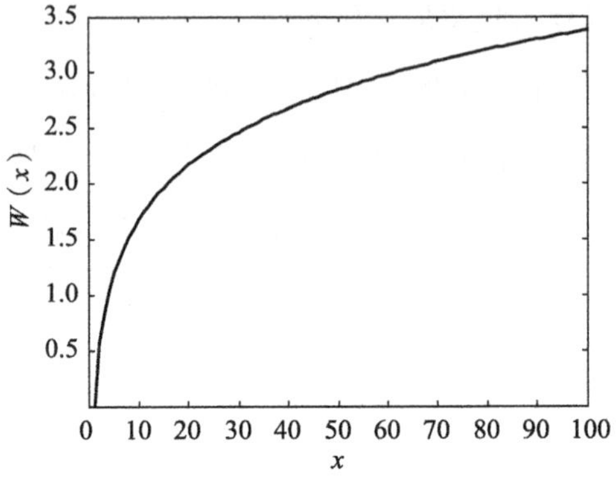

图 3-1　朗伯 W 函数

下面的引理给出了考虑同质偏爱的产品定价问题的最优价格。

引理 3.1：对于精确模型中具有同质偏爱的公司最大收益问题，最优定价是

$$p_{no}^{*}=\min\{W(e^{a-1})+1,\ a\} \tag{3.11}$$

证明：对于收益函数 $f_{no}(q_{no},\ a)$，因为

$$\frac{\partial f_{no}(q_{no},\ a)}{\partial q_{no}}=\left(-\frac{1}{q_{no}}+\frac{-1}{1-q_{no}}\right)q_{no}t_{no}+[a-\log q_{no}+\log(1-q_{no})]t_{no}$$

$$=\left[-1-\frac{q_{no}}{1-q_{no}}+a-\log q_{no}+\log(1-q_{no})\right]t_{no}$$

$$\frac{\partial^2 f_{no}(q_{no},\ a)}{\partial q_{no}^2}=\left[-\frac{1-q_{no}+q_{no}}{(1-q_{no})^2}-\frac{1}{q_{no}}+\frac{-1}{1-q_{no}}\right]t_{no}\leqslant 0$$

所以 $f_{no}(q_{no},\ a)$ 关于 q_{no} 是凹函数，且 $f_{no}(q_{no},\ a)$ 有最大值。

令

$$\frac{\partial f_{no}(q_{no},\ a)}{\partial q_{no}}=\left[-1-\frac{q_{no}}{1-q_{no}}+a-\log q_{no}+\log(1-q_{no})\right]t_{no}=0$$

则

$$a-1-\frac{q_{no}}{1-q_{no}}-\log\frac{q_{no}}{1-q_{no}}=0$$

定义$\frac{q_{no}}{1-q_{no}}=t$，则有 $a-1-t-\log t=0$，因此 $t=\exp(a-1-t)=e^{a-1}\cdot e^{-t}$，$t\cdot e^{t}=e^{a-1}$。通过朗伯 W 函数，$t=W(e^{a-1})$。所以

$$\frac{q_{no}}{1-q_{no}}=W(e^{a-1})$$

则

$$q_{no}^{*}=\frac{W(e^{a-1})}{W(e^{a-1})+1}$$

$$p_{no}^{*}=W(e^{a-1})+1$$

因为当 $a<p_{no}^{*}$时顾客不会购买这个产品，所以

$$p_{no}^{*}=\min\{W(e^{a-1})+1,\ a\}$$

（2）考虑异质偏爱的收益最大化问题

当市场上存在多样化的顾客对新产品有不同的偏爱时，垄断公司计划开发新产品以获得最大收益。用下标 e 表示带有异质顾客的参数。如果效用 $v_{nei}=a_i-p_{ne}\geqslant 0$，顾客 i 可能根据 MNL 模型中的概率 q_{nei}购买这个新产品。定义 $q_{ne}=(q_{ne1},\ q_{ne2},\ \cdots,\ q_{nem})$为购买概率向量，定义 $a=(a_1,\ a_2,\ \cdots,\ a_m)$为评估向量，定义 t_{nei}为

$$t_{nei}=\begin{cases}1, & a_i\geqslant p_{ne}\\ 0, & a_i<p_{ne}\end{cases}\tag{3.12}$$

公司获得的期望收益表示为

$$f_{ne}(p_{ne})=\sum_{i=1}^{m}p_{ne}q_{nei}(p_{ne})t_{nei}\tag{3.13}$$

根据 MNL 模型，价格被表示为

$$p_{ne}(q_{ne})=a_i-\log q_{nei}+\log(1-q_{nei}) \tag{3.14}$$

收益函数变为

$$f_{ne}(q_{ne}, a)=\sum_{i=1}^{m}[a_i-\log q_{nei}+\log(1-q_{nei})]\cdot q_{nei}t_{nei} \tag{3.15}$$

产品定价问题是

$$Z_{ne}^*=\max_{q_{ne}} f_{ne}(q_{ne}, a) \tag{3.16}$$

引理 3.2 给出了精确模型中考虑异质偏爱的产品定价问题的最优解。

引理 3.2：在考虑异质偏爱的精确模型中，对于每个细分市场 $i(i=1, \cdots, m)$，最优定价是

$$p_{ne}^*=\min\{W(e^{a_i-1})+1, a_i\} \tag{3.17}$$

证明：因为

$$\frac{\partial f_{ne}(q_{ne}, a)}{\partial q_{nei}}=\left(-\frac{1}{q_{nei}}+\frac{-1}{1-q_{nei}}\right)q_{nei}t_{nei}+[a_i-\log q_{nei}+\log(1-q_{nei})]t_{nei}$$

$$=\left\{-1-\frac{q_{nei}}{1-q_{nei}}+[a_i-\log q_{nei}+\log(1-q_{nei})]\right\}t_{nei}$$

$$\frac{\partial^2 f_{ne}(q_{ne}, a)}{\partial q_{nei}^2}=\left[-\frac{1-q_{nei}+q_{nei}}{(1-q_{nei})^2}-\frac{1}{q_{nei}}+\frac{-1}{1-q_{nei}}\right]t_{nei}\leqslant 0$$

对于 $f_{ne}(q_{ne}, a)$ 的海塞矩阵，对角线元素是负的，所有其他元素都为 0，所以 $f_{ne}(q_{ne}, a)$ 的海塞矩阵是半负定的，则 $f_{ne}(q_{ne}, a)$ 关于 q_{ne} 是凹函数，$f_{ne}(q_{ne}, a)$ 有最大值。

令

$$\frac{\partial f_{ne}(q_{ne}, a)}{\partial q_{nei}}=\left\{-1-\frac{q_{nei}}{1-q_{nei}}+[a_i-\log q_{nei}+\log(1-q_{nei})]\right\}t_{nei}=0$$

则

$$a_i-1-\frac{q_{nei}}{1-q_{nei}}-\log\frac{q_{nei}}{1-q_{nei}}=0$$

定义

$$\frac{q_{nei}}{1-q_{nei}}=t$$

则 $a_i-1-t-\log t=0$，$t=\exp(a_i-1-t)=e^{a_i-1}\cdot e^{-t}$，$t\cdot e^t=e^{a_i-1}$通过朗伯 W 函数，$t=W(e^{a_i-1})$。

所以

$$q_{nei}^*=\frac{W(e^{a_i-1})}{1+W(e^{a_i-1})}$$

且

$$p_{ne}=a_i-\log W(e^{a_i-1})=W(e^{a_i-1})+1$$

因为假设公司知道每个细分市场的精确评估，当价格对应每个细分市场都分别设置时，公司可以获得最大的理论收益。因此对于每个细分市场，最优定价为

$$p_{ne}^*=\min\{W(e^{a_i-1})+1,\ a_i\}$$

3.2.1.2 鲁棒定价

在精确模型中，假设公司精确地知道顾客 $i(i=1,\ 2,\ \cdots,\ m)$对于新产品的评估 a_i，也就是说，顾客购买产品的选择模型的参数和结构都是一定的。但是，在实际中，公司不可能精确地知道选择模型的结构或者每个参数，它们只是一个估计。如果估计的参数有较大的误差，真正获得的收益可能非常不同于精确模型中的预期值。

本节提出一个解决产品定价问题中顾客评估不确定性的鲁棒优化方法。假设顾客对产品的评估 $a_i(i=1,\ 2,\ \cdots,\ m)$只有顾客本人知道，公司不能精确地获得顾客的评估值。但是，公司对评估值有部分信息，知道评估值 a_i 位于 a_{iL}和 a_{iH}之间。公司仅知道 $a_i\in[a_{iL},\ a_{iH}]$，不知道在这个范围内评估值的具体分布情况（这与 Handel 等[197]及 Handel 和 Misra[200]是类似的）。

与精确模型不同，本节求解了考虑不确定评估 $a_i \in [a_{iL}, a_{iH}]$ 的最大化最小收益的鲁棒优化问题。如果评估值不低于价格，$a_i \geqslant p_r$，顾客根据 MNL 模型的概率 q_{ri} 购买产品(其中下标 r 表示鲁棒模型)，则购买概率被定义为

$$q_{ri} = \frac{e^{v_{ri}}}{1+e^{v_{ri}}} = \frac{e^{a_i - p_r}}{1+e^{a_i - p_r}} \tag{3.18}$$

下面，首先求解考虑同质偏爱的鲁棒的最大最小收益问题，然后提出一个考虑异质偏爱的鲁棒产品定价模型。静态的鲁棒解是研究动态鲁棒定价模型的重要基础。

(1)考虑同质偏爱的静态鲁棒收益问题

本节中假设所有的顾客对新产品有同质的偏爱。像精确模型一样，在鲁棒的最大最小收益模型中仅考虑一个代表性的顾客。这部分用下标 o 表示带有同质顾客的参数。公司仅知道顾客的评估 $a \in [a_L, a_H]$，但是不知道评估的具体分布。只有当 $a \geqslant p_{ro}$ 时，顾客才可能购买这个产品。

根据 MNL 模型，价格被表示为

$$p_{ro}(q_{ro}) = a - \log q_{ro} + \log(1 - q_{ro}) \tag{3.19}$$

则收益函数是

$$f_{ro}(q_{ro}, a) = p_{ro}(q_{ro}) \cdot q_{ro} t_{ro} = [a - \log q_{ro} + \log(1 - q_{ro})] \cdot q_{ro} t_{ro} \tag{3.20}$$

其中，t_{ro} 被定义为

$$t_{ro} = \begin{cases} 1, & a \geqslant p_{ro} \\ 0, & a < p_{ro} \end{cases} \tag{3.21}$$

鲁棒的最大最小收益模型被描述为

$$Z_{ro}^{*} = \max_{q_{ro}} \{ \min_{a} f_{ro}(q_{ro}, a) \} \tag{3.22}$$

在鲁棒模型中，首先对于任意的价格 p_{ro} 在范围 $a \in [a_L, a_H]$ 内找到最坏情况(最小)的收益。获得最小收益后，再决定价格 p_{ro} 最大化这个最小收益。通过引理 3.3 可以发现，当顾客有同质偏爱时，最优的静态鲁棒价格

仅与评估集合的下界有关。

引理 3.3：对于静态的鲁棒最大最小收益模型，如果所有顾客都是同质的，最优定价是

$$p_{ro}^{*}=\min\{W(e^{a_L-1})+1,\ a_H\} \tag{3.23}$$

证明：因为

$$\partial f_{ro}(q_{ro},\ a)/\partial a=q_{ro}t_{ro}\geqslant 0$$

$f_{ro}(q_{ro},\ a)$关于 a 是递增函数，所以

$$a_L=\underset{a\in[a_L,a_H]}{\arg\min} f_{ro}(q_{ro},\ a)$$

则目标函数被转化为

$$Z_{ro}^{*}=\max_{q_{ro}} f_{ro}(q_{ro},\ a_L)=\max_{q_{ro}}[a_L-\log q_{ro}+\log(1-q_{ro})]\cdot q_{ro}t_{ro}$$

因为

$$\frac{\partial f_{ro}(q_{ro},\ a_L)}{\partial q_{ro}}=\left[-1-\frac{q_{ro}}{1-q_{ro}}+a_L-\log q_{ro}+\log(1-q_{ro})\right]t_{ro}$$

$$\frac{\partial^2 f_{ro}(q_{ro},\ a_L)}{\partial q_{ro}^2}=\left[-\frac{1-q_{ro}+q_{ro}}{(1-q_{ro})^2}-\frac{1}{q_{ro}}+\frac{-1}{1-q_{ro}}\right]t_{ro}\leqslant 0$$

所以$f_{ro}(q_{ro},\ a_L)$关于 q_{ro}是凹函数。

令

$$\partial f_{ro}(q_{ro},\ a_L)/\partial q_{ro}=[a_L-1-q_{ro}/(1-q_{ro})-\log q_{ro}+\log(1-q_{ro})]t_{ro}=0$$

则

$$a_L-1-q_{ro}/(1-q_{ro})-\log[q_{ro}/(1-q_{ro})]=0$$

定义 $q_{ro}/(1-q_{ro})=t$，则 $a_L-1-t-\log t=0$，$t\cdot e^{t}=e^{a_L-1}$。通过朗伯 W 函数，有 $t=W(e^{a_L-1})$。因此，最优概率为

$$q_{ro}^{*}=W(e^{a_L-1})/[1+W(e^{a_L-1})]$$

同时，最优定价为

$$p_{ro}^{*}=a_L-\log W(e^{a_L-1})=W(e^{a_L-1})+1$$

因为当 $a<p_{ro}^{*}$ 时顾客不会购买这个产品，所以

$$p_{ro}^{*}=\min\{W(e^{a_L-1})+1,\ a_H\}$$

(2)考虑异质偏爱的静态鲁棒收益问题

在鲁棒的最大最小收益模型中，垄断公司决定产品优化问题中新产品的定价。市场中的顾客带有异质的偏爱，且 $a_i\in[a_{iL},\ a_{iH}]$$(i=1,\ 2,\ \cdots,\ m)$。定义 $a_{L-}=\min\limits_i(a_{iL})$是所有评估集合的最小下界，定义 $a_{L+}=\max\limits_i(a_{iL})$是所有评估集合的最大下界。类似地，定义 $a_{H-}=\min\limits_i(a_{iH})$，$a_{H+}=\max\limits_i(a_{iH})$，同前面一样，用下标 e 表示带有异质顾客的参数。定义$q_{re}=(q_{re1},\ q_{re2},\ \cdots,\ q_{rem})$为市场份额向量，定义 $a=(a_1,\ a_2,\ \cdots,\ a_m)$为评估向量。同时，定义 t_{rei}为

$$t_{rei}=\begin{cases}1, & a\geqslant p_{re}\\ 0, & a_i<p_{re}\end{cases}\tag{3.24}$$

收益函数被陈述为

$$f_{re}(p_{re},\ a)=\sum_{i=1}^{m}p_{re}q_{rei}t_{rei}\tag{3.25}$$

根据 MNL 模型，价格被转化为

$$p_{re}(q_{re})=a_i-\log q_{rei}+\log(1-q_{rei})\tag{3.26}$$

则收益函数为

$$f_{re}(q_{re},\ a)=\sum_{i=1}^{m}[a_i-\log q_{rei}+\log(1-q_{rei})]\cdot q_{rei}t_{rei}\tag{3.27}$$

鲁棒的最大最小收益模型为

$$Z_{re}^{*}=\max_{q_{re}}\{\min_{a}f_{re}(q_{re},\ a)\}\tag{3.28}$$

在鲁棒的产品定价模型中，公司在考虑不确定的评估情况下，决定价格 p_{re}(或 q_{re})以最大化最小收益。对于任意价格 p_{re}(或 q_{re})，考虑顾客评估为变量，公司在 $a_i\in[a_{iL},\ a_{iH}]$范围内最小化收益。根据最小收益，公司设置价格以最大化这个最小收益。下面的引理给出了鲁棒的最大最小收益模型的最优价格。

引理 3.4：考虑异质的顾客时，对于鲁棒的产品定价问题中的静态最

大最小收益模型，垄断公司设置的最优价格为：

$$p_{re}^{*}=\min\{W(e^{a_{L}-1})+1,\ a_{H+}\} \tag{3.29}$$

证明：因为

$$\frac{\partial f_{re}(q_{re},\ a)}{\partial a_{i}}=q_{rei}t_{rei}\geqslant 0$$

则 $f_{re}(q_{re},\ a)$ 关于 a_i 是递增函数，所以

$$a_{iL}=\underset{a_i\in[a_{iL},a_{iH}]}{\operatorname{argmin}} f_{re}(q_{re},\ a)$$

因此收益函数被转化为

$$f_{re}(q_{re},\ a_{iL})=\sum_{i=1}^{m}[a_{iL}-\log q_{rei}+\log(1-q_{rei})]\cdot q_{rei}t_{rei}$$

且优化目标为

$$Z_{re}^{*}=\max_{q_{re}} f_{re}(q_{re},\ a_{iL})$$

因为

$$\begin{aligned}\frac{\partial f_{re}(q_{re},\ a_{iL})}{\partial q_{rei}}&=\left(-\frac{1}{q_{rei}}+\frac{-1}{1-q_{rei}}\right)q_{rei}t_{rei}+[a_{iL}-\log q_{rei}+\log(1-q_{rei})]t_{rei}\\&=\left\{-1-\frac{q_{rei}}{1-q_{rei}}+[a_{iL}-\log q_{rei}+\log(1-q_{rei})]\right\}t_{rei}\end{aligned}$$

且

$$\frac{\partial^{2} f_{re}(q_{re},\ a_{iL})}{\partial q_{rei}^{2}}=\left[-\frac{1-q_{rei}+q_{rei}}{(1-q_{rei})^{2}}-\frac{1}{q_{rei}}+\frac{-1}{1-q_{rei}}\right]t_{rei}\leqslant 0$$

类似于引理 3.2，$f_{re}(q_{re},\ a_{iL})$ 关于 q_{re} 是凹函数，且 $f_{re}(q_{re},\ a_{iL})$ 有最大值。

令

$$\frac{\partial f_{re}(q_{re},\ a_{iL})}{\partial q_{rei}}=\left\{-1-\frac{q_{rei}}{1-q_{rei}}+[a_{iL}-\log q_{rei}+\log(1-q_{rei})]\right\}t_{rei}=0$$

则

$$a_{iL}-1-\frac{q_{rei}}{1-q_{rei}}-\log\frac{q_{rei}}{1-q_{rei}}=0$$

定义

$$\frac{q_{rei}}{1-q_{rei}}=t$$

则 $a_{iL}-1-t-\log t=0$，$t\cdot e^{t}=e^{a_{iL}-1}$通过朗伯 W 函数，$t=W(e^{a_{iL}-1})$，所以

$$q_{rei}^{*}=\frac{W(e^{a_{iL}-1})}{1+W(e^{a_{iL}-1})}$$

且

$$p_{re}^{*}=a_{iL}-\log W(e^{a_{iL}-1})=W(e^{a_{iL}-1})+1$$

则

$$f_{re}^{*}=\sum_{i=1}^{m}p_{re}^{*}q_{rei}t_{rei}=\sum_{i=1}^{m}W(e^{a_{iL}-1})\cdot t_{rei}$$

因为优化目标是$\max\limits_{p_{re}}\{\min\limits_{a}f_{re}\}$，$a_{iL}$被设置为 a_{L-}，且当 $a_{H+}<p_{re}^{*}$时所有顾客都不会购买这个产品，所以

$$p_{re}^{*}=\min\{W(e^{a_{L-}-1})+1,\ a_{H+}\}$$

引理 3.4 表明，在考虑异质顾客的最大最小收益模型中，最优的鲁棒价格仅取决于评估集合的最小下界。下面的推论比较了考虑同质偏爱和异质偏爱时，精确模型和鲁棒模型的最优价格。

推论 3.1：比较精确模型和鲁棒模型，如果所有顾客的评估都不低于 2，则 $p_{no}^{*}\geqslant p_{ro}^{*}$，$p_{ne}^{*}\geqslant p_{re}^{*}$。

证明：在考虑同质偏爱的收益模型下，评估值位于 $a\in[a_L,\ a_H]$，且 $a\geqslant a_L$，同时，朗伯 W 函数是递增函数。

当 $a\geqslant 2$ 时，

$$a\geqslant W(e^{a-1})+1\geqslant W(e^{a_L-1})+1$$

因此，

$$p_{no}^{*}\geqslant p_{ro}^{*}$$

类似地，在异质偏爱模型下，对于每个顾客 $i(i=1,\ \cdots,\ m)$，由于 $a_i\geqslant a_{L-}$，则

$$W(e^{a_i-1})+1 \geqslant W(e^{a_L-1})+1$$

所以

$$p_{ne}^* \geqslant p_{re}^*$$

推论 3.1 表明，一般情况下，精确模型的最优价格高于鲁棒模型的最优价格。如果顾客评估参数的不确定性被忽略，即选择模型的不确定性不被考虑，公司期望设置一个更高的价格。但是，在实际中，公司不能精确地获得所有类型顾客的每个评估参数，获得的评估参数一般会有一些误差。如果参数误差不被考虑，期望收益可能是高的，但是实际获得的收益将有较大的误差。如果这时产品的价格根据精确模型设置，相比鲁棒模型，获得的收益将有更大的偏差，实际获得的精确模型收益可能低于鲁棒模型的收益。因此，当考虑参数不确定性时，公司应该采取鲁棒的产品定价以获得稳定的收益，同时，鲁棒的产品定价模型与实际是一致的。

3.2.2 动态定价模型

有学者在研究多阶段的产品定价问题时，通过一个动态的鲁棒模型说明参数学习的价值[200]。动态的最大最小收益模型是静态鲁棒模型的一个扩展。在每个阶段，公司根据一个给定的价格、当前的市场份额和一个未来的定价评估收益。根据给定的价格和当前的市场份额，公司能进一步缩小顾客评估的范围，从而设置下一阶段的最优产品价格。对于每个评估集合在计算多阶段的最小收益后，公司设置价格以最大化最小收益。在多阶段的动态模型中，最后一个阶段能被简化为静态的鲁棒问题。

假设在整个营销周期内有两个定价阶段。在第二阶段，公司根据静态的最大最小收益模型设置价格。在第一阶段，公司通过整合第二阶段的信息求解鲁棒的最大最小收益模型。另外，假设两个阶段内产品价格没有折扣。

在下面的部分中，首先研究带有同质顾客的动态鲁棒模型的产品定价问题，然后研究带有异质顾客的动态最大最小鲁棒收益模型的产品定价问题。

3.2.2.1 考虑同质偏爱的动态鲁棒模型

在两阶段的模型中，求解考虑同质顾客的动态最大最小收益的产品定价问题。同样等价地考虑公司把新产品卖给一个代表性的顾客。在第一阶段，公司首先设置一个价格。根据顾客的购买信息，公司设置第二阶段的价格以获得最大最小收益。类似于静态的鲁棒模型，公司仅知道顾客的评估 $a\in[a_L, a_H]$。为了便于分析，假设 $a_H\geqslant 2$，定义第一阶段的评估集合为 δ_1，第二阶段的评估集合为 δ_2。并定义 p_{do}^1 为第一阶段的价格，p_{do}^2 为第二阶段的价格，其中，下标 d 表示动态模型，下标 o 表示同质偏爱。

当顾客的评估不低于产品的价格，即 $a\geqslant p_{do}^i$（$i=1, 2$，表示第 i 个阶段）时，顾客以 MNL 模型的概率 q_{do}^i（$i=1, 2$）购买该产品。在第一阶段，如果 $a\geqslant p_{do}^1$，顾客可能以概率 q_{do}^1 购买该产品，也可能以概率 $1-q_{do}^1$ 不买该产品。因此，当公司观察顾客购买新产品时，评估集合被更新为 $\delta_2=[p_{do}^1, a_H]$。

当顾客没有购买新产品时，顾客的评估包括两种情况：评估不低于价格，或者评估低于价格。对应的评估集合也有两种情况：$\delta_2=[p_{do}^1, a_H]$ 或 $\delta_2=[a_L, p_{do}^1]$，对于顾客不买产品的情况，假设 δ_2 等于 $[p_{do}^1, a_H]$ 的概率是 α，δ_2 等于 $[a_L, p_{do}^1]$ 的概率是 $1-\alpha$，其中 $\alpha\in\{0, 1\}$。在更新评估集合 δ_2 后，类似于 3.2.1.2 节中的静态鲁棒模型，公司设置价格 p_{do}^2 以最大化最小收益。

评估集合具体如下：

$$\delta_1=[a_L, a_H]$$

$$\delta_2=\begin{cases}[p_{ab}^1, a_H] & \text{当 } a\geqslant p_{do}^1\cdots\cdots\cdots\cdots\text{顾客购买产品}\\ \left.\begin{cases}[p_{do}^1, a_H] & \text{当 } a\geqslant p_{do}^1\cdots\cdots\cdots\cdots\alpha\\ [a_L, p_{do}^1] & \text{当 } a<p_{do}^1\cdots\cdots\cdots\cdots 1-\alpha\end{cases}\right\}\text{顾客没有购买产品}\end{cases}$$

获得的收益是两个阶段收益的总和，

$$f_{do}=p_{do}^{1}q_{do}^{1}T_{do}^{1}+p_{do}^{2}q_{do}^{2}T_{do}^{2} \tag{3.30}$$

其中

$$T_{do}^{1}=\begin{cases}1, & a\geqslant p_{do}^{1}\\ 0, & a<p_{do}^{1}\end{cases},\quad T_{do}^{2}=\begin{cases}1, & a\geqslant p_{do}^{2}\\ 0, & a<p_{do}^{2}\end{cases} \tag{3.31}$$

最大最小收益模型被定义为

$$Z_{do}^{*}=\max_{p_{do}^{1}}\{\min_{a}f_{do}\} \tag{3.32}$$

在最大最小收益模型中，定理 3.1 给出了动态鲁棒模型中两个阶段的最优价格。

定理 3.1：在动态的鲁棒产品定价中，当顾客有同质偏爱时，两个阶段的最优定价分别被设置为：

$$p_{do}^{1*}=a_{H}, \tag{3.33}$$

$$p_{do}^{2*}=\begin{cases}a_{H}, & \text{如果顾客在第一阶段购买产品}\\ W(e^{a_{L}-1})+1, & \text{如果顾客在第一阶段没有购买产品}\end{cases} \tag{3.34}$$

证明：在下面的证明中，上标 b 表示顾客在第一阶段购买产品，上标 Nb 表示顾客在第一阶段没有购买产品。

如果顾客在第一阶段购买产品，则

$$f_{do}^{b}=p_{do}^{1}+p_{do}^{2b}\cdot q_{do}^{2b}T_{do}^{2b}$$

因为

$$\delta_{2}=[p_{do}^{1},\ a_{H}]$$

通过引理 3.3，有

$$p_{do}^{2b}=W(e^{p_{do}^{1}-1})+1$$

则

$$p_{do}^{2b*}=\max\{W(e^{p_{do}^{1}-1})+1,\ p_{do}^{1}\}$$

如果顾客在第一阶段没有购买产品，则

$$f_{do}^{Nb}=p_{do}^{2Nb}\cdot q_{do}^{2Nb}T_{do}^{2Nb}$$

$$\delta_2=\alpha[p_{do}^1,\ a_H]+(1-\alpha)\cdot[a_L,\ p_{do}^1](\alpha\in\{0,\ 1\})$$

如果 $\alpha=0$，$p_{do}^{2Nb}=\min\{W(e^{a_L-1})+1,\ p_{do}^1\}$，$f_{do}^{Nb}=p_{do}^{2Nb}\cdot q_{do}^{2Nb}T_{do}^{2Nb}$。

当 $p_{do}^1\geqslant2$ 时，$p_{do}^1\geqslant W(e^{p_{do}^1-1})+1\geqslant W(e^{a_L-1})+1$。$p_{do}^{2b}=p_{do}^1$，$f_{do}^b=p_{do}^1+p_{do}^1\cdot q_{do}^{2b}T_{do}^{2b}\geqslant p_{do}^1$。$p_{do}^{2Nb}=W(e^{a_L-1})+1$，$f_{do}^{Nb}=p_{do}^{2Nb}\cdot q_{do}^{2Nb}T_{do}^{2Nb}\leqslant W(e^{a_L-1})+1$。所以 $f_{do}^b\geqslant f_{do}^{Nb}$。

当 $p_{do}^1<2$ 时，$p_{do}^1<W(e^{p_{do}^1-1})+1$。如果 $p_{do}^{2b}=W(e^{p_{do}^1-1})+1$，则 $f_{do}^b=p_{do}^1+p_{do}^{2b}\cdot q_{do}^{2b}T_{do}^{2b}\geqslant p_{do}^1$。如果 $p_{do}^{2Nb}=p_{do}^1$，则 $f_{do}^{Nb}=p_{do}^1q_{do}^{2Nb}T_{do}^{2Nb}\leqslant p_{do}^1\leqslant f_{do}^b$。如果 $p_{do}^{2Nb}=W(e^{a_L-1})+1$，则 $f_{do}^{Nb}=p_{do}^{2Nb}\cdot q_{do}^{2Nb}T_{do}^{2Nb}\leqslant W(e^{a_L-1})+1$。所以 $f_{do}^b\geqslant f_{do}^{Nb}$。

如果 $\alpha=1$，$p_{do}^{2Nb}=\min\{W(e^{p_{do}^1-1})+1,\ p_{do}^1\}$。当 $p_{do}^1\geqslant2$ 时，$p_{do}^1\geqslant W(e^{p_{do}^1-1})+1$，$f_{do}^b\geqslant f_{do}^{Nb}$。当 $p_{do}^1<2$ 时，$p_{do}^1<W(e^{p_{do}^1-1})+1$。所以 $p_{do}^{2Nb}=p_{do}^1$，$f_{do}^{Nb}\leqslant f_{do}^b$。

所以 $Z_{do}^*=\max\limits_{p_{do}^1}\{\min\limits_{a}f_{do}\}=\max\limits_{p_{do}^1}f_{do}^{Nb}$，且 $p_{do}^1=a_H$。如果第一阶段顾客购买新产品，则 $p_{do}^2=a_H$；如果第一阶段顾客没有购买该产品，因为 α 是未知的，所以选择范围较小的第二阶段定价为了获得收益，有 $p_{do}^2=W(e^{a_L-1})+1$。

考虑顾客的评估，公司应该采取让顾客在第一阶段不买产品的策略以使两个阶段的收益最小。因此，为了最大化最小收益，第一阶段的价格应该设置为等于评估集合的上界。如果顾客在第一阶段购买产品，表明顾客的实际评估就是上界 a_H，所以第二阶段的价格也设置为 a_H 以获得最大最小收益。如果第一阶段产品没有被购买，第二阶段的价格降低到 $W(e^{a_L-1})+1$以最大化收益。当考虑同质偏爱时，下面的推论比较了动态定价和静态定价。

推论 3.2：在考虑同质偏爱的鲁棒最大最小收益模型中，当 $a_L\geqslant2$ 时，动态模型的第一阶段价格不低于静态价格；如果第一阶段顾客没有购买产品，第二阶段的价格等于静态价格，即 $p_{do}^{1*}\geqslant p_{do}^{2*}=p_{ro}^*$。

证明：在考虑同质偏爱的动态模型中，第一阶段的价格是 $p_{do}^{1*}=a_H$。在

考虑同质偏爱的静态模型中，最优价格是

$$p_{ro}^{*}=a_L-\log W(e^{a_L-1})=W(e^{a_L-1})+1$$

当 $\log W(e^{a_L-1})\geqslant 0$，即 $W(e^{a_L-1})\geqslant 1$，$a_L\geqslant 2$ 时，$a_H\geqslant a_L-\log W(e^{a_L-1})$；当 $\log W(e^{a_L-1})<0$，即 $W(e^{a_L-1})<1$，$a_L<2$，且 a_H 和 a_L 之间的差异较小时，$a_H<a_L-\log W(e^{a_L-1})$。因此，在大多数情况下，$p_{do}^{1*}\geqslant p_{ro}^{*}$。当顾客在第一阶段没有购买产品时，第二阶段的价格降低到 $p_{do}^{2}=W(e^{a_L-1})+1$。因此，

$$p_{do}^{1*}\geqslant p_{do}^{2*}=p_{ro}^{*}$$

在静态模型中，公司根据顾客的评估集合仅设置一次价格，以使整个营销周期内获得最大化最小收益。但是，在动态模型中，公司首先在第一阶段设置一个初始价格，然后根据第一阶段的购买信息，缩小评估集合，并决定第二阶段的价格。推论 3.2 表明，在考虑同质顾客的最大最小收益模型中，动态的初始价格一般不低于静态价格。如果顾客在第一阶段没有购买产品，第二阶段的价格将被降低，直到等于静态价格。这表明在动态模型中评估信息的学习是有价值的，学习能给公司带来更优的定价决策。

3.2.2.2 考虑异质偏爱的动态鲁棒模型

本节扩展了最大最小收益问题，在动态模型中考虑异质顾客的偏爱。类似于 3.2.2.1 节，公司首先在第一阶段设置价格以最大化最小收益。根据顾客的购买信息，公司将调整第二阶段的价格。在第一阶段，公司仅知道顾客 $i(i=1,2,\cdots,m)$ 的评估 $a_i\in[a_{iL},a_{iH}]$，定义 $\delta_{i1}=[a_{iL},a_{iH}]$。为了便于分析，假设 $a_{H+}=\max_i(a_{iH})\geqslant 2$。如果顾客 i 在第一阶段购买产品，在第二阶段顾客 i 的评估集合被缩小到 $\delta_{i2}=[p_{de}^{1},a_{iH}]$（在这部分，用下标 de 表示考虑异质偏爱的动态最大最小收益模型）。如果顾客 i 不买这个产品，在第二阶段顾客 i 的评估集合是 $\delta_{i2}=[p_{de}^{1},a_{iH}]$ 或者 $\delta_{i2}=[a_{iL},p_{de}^{1}]$。对于不买该产品的所有顾客，评估集合是 $[p_{de}^{1},a_{iH}]$ 的概率是 α，评估集合是 $[a_{iL},p_{de}^{1}]$ 的概率是 $1-\alpha$，其中 $0\leqslant\alpha\leqslant 1$。定义 $\beta(0\leqslant\beta\leqslant 1)$ 为在第一阶段

购买产品的所有顾客的比例。顾客 i 在两个阶段的评估集合分别被表示如下：

$$\delta_{i1}=[a_{iL},\ a_{iH}]$$

$$\delta_{i2}=\begin{cases}[p_{de}^{1},\ a_{iH}] & \text{如果 } a_i \geqslant p_{de}^{1}\cdots\cdots\cdots\cdots\beta \\ \left.\begin{cases}[p_{de}^{1},\ a_{iH}] & \text{如果 } a_i \geqslant p_{de}^{1}\cdots\alpha \\ [a_{iL},\ p_{de}^{1}] & \text{如果 } a_i \geqslant p_{de}^{1}\cdots 1-\alpha\end{cases}\right\} 1-\beta\end{cases}$$

考虑异质偏爱的动态最大最小收益模型是不同于静态模型的，下面首先设置第二阶段的最优价格，然后根据第二阶段的结果求解第一阶段的产品定价问题。

(1)第二阶段的定价

第二阶段的定价问题与3.2.1.2节中的静态定价问题一致。基于第一阶段的购买信息，公司能进一步缩小顾客的评估集合，评估参数的学习对于第二阶段的定价是非常有帮助的。

研究第二阶段的最大最小收益问题时考虑两种情况，$p_{de}^{2}>p_{de}^{1}$ 或 $p_{de}^{2}\leqslant p_{de}^{1}$。对于这两种定价情况，分别求解第二阶段的最优定价以最大化最小收益。为了便于陈述，定义

$$M_1=m\beta p_{de}^{1}$$

$$M_2=\sum_{j=1}^{m}p_{de}^{2}q_{dej}^{2}T_{dej}^{2}$$

其中，$p_{de}^{2}=W(e^{a_L-1})+1$。对于 $\forall j(j=1,\ 2,\ \cdots,\ m)$，如果 $a_j\geqslant p_{de}^{2}$，则 $T_{dej}^{2}=1$；如果 $a_j<p_{de}^{2}$，则 $T_{dej}^{2}=0$。

引理3.5：在考虑异质偏爱的动态最大最小收益模型中，如果 $p_{de}^{2}>p_{de}^{1}$，则最优的第二阶段定价是

$$p_{de}^{2*}=\max\{W(e^{p_{de}^{1*}-1})+1,\ p_{de}^{1*}\} \tag{3.35}$$

如果 $p_{de}^{2}\leqslant p_{de}^{1}$，则最优的第二阶段定价如下：

$$p_{de}^{2*}=\begin{cases}p_{de}^{1*}, & \text{如果 } M_1>M_2\\ \min\{W(e^{a_{L_-}-1})+1,\ p_{de}^{1*}\}, & \text{如果 } M_1<M_2\\ \in\{W(e^{a_{L_-}-1})+1,\ p_{de}^{1*}\}, & \text{如果 } M_1=M_2\end{cases}\tag{3.36}$$

证明：如果 $p_{de}^2>p_{de}^1$，则第二阶段的收益为

$$f_{de}^{2U}=\sum_{i=1}^{[\beta+(1-\beta)\alpha]m}p_{de}^{2U}q_{dei}^{2U}T_{dei}^{2U}$$

$$T_{dei}^{2U}=\begin{cases}1, & a_i\geqslant p_{de}^{2U}\\ 0, & a_i<p_{de}^{2U}\end{cases}$$

其中，上标 U 表示第二阶段的定价高于第一阶段的定价。根据引理3.4，有

$$p_{de}^{2U}=W(e^{p_{de}^1-1})+1$$

所以

$$p_{de}^{2*}=\max\{W(e^{p_{de}^1-1})+1,\ p_{de}^1\}$$

如果 $p_{de}^2\leqslant p_{de}^1$，第二阶段的收益为

$$f_{de}^{2D}=\sum_{i=1}^{m}p_{de}^{2D}q_{dei}^{2D}T_{dei}^{2D}$$

$$T_{dei}^{2D}=\begin{cases}1, & a_i\geqslant p_{de}^{2D}\\ 0, & a_i<p_{de}^{2D}\end{cases}$$

其中，上标 D 表示第二阶段的定价低于第一阶段的定价。根据引理3.4，$p_{de}^{2D}=W(e^{a_L-1})+1$。

定义

$$M_1=m\beta p_{de}^1$$

$$M_2=\sum_{i=1}^{m}p_{de}^{2D}q_{dei}^{2D}T_{dei}^{2D}$$

如果 $M_1>M_2$，第二阶段的价格仍是 p_{de}^1，公司能获得最大收益。如果 $M_1<M_2$，公司应该采取更低的定价策略，即 $p_{de}^{2*}=\min\{W(e^{a_L-1})+1,\ p_{de}^{1*}\}$。

如果 $M_1=M_2$，定价 $W(e^{a_L-1})+1$ 或者 p_{de}^{1*}，公司能获得相同的收益。

为了获得最大的第二阶段收益，最优的第二阶段价格被设置如下：

$$p_{de}^{2*}=\begin{cases} p_{de}^{1*}, & \text{如果 } M_1>M_2 \\ \min\{W(e^{a_L-1})+1,\ p_{de}^{1*}\}, & \text{如果 } M_1<M_2 \\ \in\{W(e^{a_L-1})+1,\ p_{de}^{1*}\}, & \text{如果 } M_1=M_2 \end{cases}$$

(2)第一阶段的定价

本节主要在动态的产品定价问题中，研究第一阶段的定价以最大化最小收益，第二阶段的价格和收益是研究第一阶段定价问题的基础。

动态的鲁棒最大最小收益问题被描述为

$$Z_{de}^{*}=\max_{p_{de}^{1}}\{\min_{a} f_{de}\} \tag{3.37}$$

其中，收益函数被定义为

$$f_{de}=f_{de}^{1}+f_{de}^{2} \tag{3.38}$$

其中，f_{de}^{1}表示第一阶段的收益，f_{de}^{2}表示第二阶段的收益。第一阶段的收益取决于产品的价格 p_{de}^{1}和真实的需求，第二阶段的收益取决于引理 3.5 中的定价和真实的购买需求。下面的定理描述了两个阶段最优定价之间的关系。

定理 3.2：在考虑异质偏爱的动态鲁棒模型中，如果第一阶段获得了最坏情况的收益，第二阶段的价格将不低于第一阶段的价格，即 $p_{de}^{2*}\geqslant p_{de}^{1*}$。如果在第一阶段没有顾客购买新产品并且 $W(e^{a_L-1})+1\leqslant p_{de}^{1*}$，则 $p_{de}^{1*}\geqslant p_{de}^{2*}=p_{re}^{*}$。

证明：证明包括五个步骤。

步骤 1：决定最小收益。

如果 $p_{de}^{2}>p_{de}^{1}$，根据引理 3.5，第二阶段的价格为

$$p_{de}^{2U*}=\max\{p_{de}^{2U},\ p_{de}^{1}\}$$

其中，$p_{de}^{2U}=W(e^{p_{de}^{1}-1})+1$。所以总收益为

$$f_{de}^{U}=f_{de}^{1}+f_{de}^{2}=m\beta p_{de}^{1}+\sum_{i=1}^{[\beta+(1-\beta)\alpha]m} p_{de}^{2U}q_{dei}^{2U}T_{dei}^{2U}$$

或者是$f_{de}^{U}=2m\beta p_{de}^{1}$。

如果$p_{de}^{2}\leqslant p_{de}^{1}$，第二阶段的价格是$p_{de}^{2D}=W(e^{a_L-1})+1$，或者是$p_{de}^{2D}=p_{de}^{1}$。则

$$\begin{aligned}f_{de}^{D}&=f_{de}^{1}+f_{de}^{2}\\&=m\beta p_{de}^{1}+\sum_{i=1}^{m}p_{de}^{2D}q_{dei}^{2D}T_{dei}^{2D}\\&=m\beta p_{de}^{1}+\sum_{i=1}^{[\beta+(1-\beta)\alpha]m}p_{de}^{2D}q_{dei}^{2D}+\sum_{j=1}^{(1-\beta)(1-\alpha)m}p_{de}^{2D}q_{dej}^{2D}T_{dej}^{2D}\end{aligned}$$

其中，第二阶段的收益被分为两部分，包括高评估顾客(在第一阶段购买产品的顾客)的收益和低评估顾客(在第一阶段没有购买产品的顾客)的收益。

步骤2：基于β和p_1研究定价方向。

当$p_{de}^{2U*}=W(e^{p_{de}^{1}-1})+1$时，

$$f_{de}^{U}-f_{de}^{D}=\sum_{i=1}^{[\beta+(1-\beta)\alpha]m}p_{de}^{2U}q_{dei}^{2U}T_{dei}^{2U}-\sum_{i=1}^{[\beta+(1-\beta)\alpha]m}p_{de}^{2D}q_{dei}^{2D}-\sum_{j=1}^{(1-\beta)(1-\alpha)m}p_{de}^{2D}q_{dej}^{2D}\cdot T_{dej}^{2D}$$

当$p_{de}^{2U*}=p_{de}^{1}$时，

$$f_{de}^{U}-f_{de}^{D}=m\beta p_{de}^{1}-\sum_{i=1}^{[\beta+(1-\beta)\alpha]m}p_{de}^{2D}q_{dei}^{2D}-\sum_{j=1}^{(1-\beta)(1-\alpha)m}p_{de}^{2D}q_{dej}^{2D}T_{dej}^{2D}$$

定义

$$N_1=\sum_{i=1}^{[\beta+(1-\beta)\alpha]m}p_{de}^{2U}q_{dei}^{2U}T_{dei}^{2U}\text{ 或 }N_1=m\beta p_{de}^{1}$$

$$N_2=\sum_{i=1}^{[\beta+(1-\beta)\alpha]m}p_{de}^{2D}q_{dei}^{2D}$$

$$N_3=\sum_{j=1}^{(1-\beta)(1-\alpha)m}p_{de}^{2D}q_{dej}^{2D}T_{dej}^{2D}$$

则

$$\begin{aligned}N_1-N_2&=\sum_{i=1}^{[\beta+(1-\beta)\alpha]m}p_{de}^{2U}q_{dei}^{2U}T_{dei}^{2U}-\sum_{i=1}^{[\beta+(1-\beta)\alpha]m}p_{de}^{2D}q_{dei}^{2D}\\&=\sum_{i=1}^{[\beta+(1-\beta)\alpha]m}(p_{de}^{2U}q_{dei}^{2U}T_{dei}^{2U}-p_{de}^{2D}q_{dei}^{2D})\end{aligned}$$

或者

$$N_1 - N_2 = m\beta p_{de}^1 - \sum_{i=1}^{[\beta+(1-\beta)\alpha]m} p_{de}^{2D} q_{dei}^{2D}$$

$$= \sum_{i=1}^{[\beta+(1-\beta)\alpha]m} (p_{de}^1 q_{dei}^1 T_{dei}^1 - p_{de}^{2D} q_{dei}^{2D})$$

其中，当 $a_i \geqslant p_{de}^1 (i=1, 2, \cdots, (\beta+(1-\beta)\alpha)m)$ 时，$T_{dei}^1 = 1$；当 $a_i < p_{de}^1 (i=1, 2, \cdots, (\beta+(1-\beta)\alpha)m)$ 时，$T_{dei}^1 = 0$。对于高评估顾客，p_{de}^{2U*} 是最优的第二阶段定价。所以对于高评估顾客，N_1 是最大收益，$N_1 - N_2 \geqslant 0$。又因为 $p_{de}^{2U} q_{dei}^{2U} T_{dei}^{2U} - p_{de}^{2D} q_{dei}^{2D}$ 或 $p_{de}^1 q_{dei}^1 T_{dei}^1 - p_{de}^{2D} q_{dei}^{2D}$ 与 β 无关，$[\beta+(1-\beta)\alpha]m$ 关于 β 递增，所以 $\partial(N_1 - N_2)/\partial\beta > 0$。类似地，$\partial N_3/\partial\beta < 0$。则

$$\frac{\partial(f_{de}^U - f_{de}^D)}{\partial\beta} = \frac{\partial(N_1 - N_2)}{\partial\beta} - \frac{\partial N_3}{\partial\beta} > 0$$

假设当 $f_{de}^U - f_{de}^D = 0$ 时，$\beta = \beta^*$。当 $\beta > \beta^*$ 时，$f_{de}^U - f_{de}^D > 0$，$f_{de}^U > f_{de}^D$。为了最大化最小收益，第二阶段应该选择提高价格。当 $\beta < \beta^*$ 时，$f_{de}^U - f_{de}^D < 0$，$f_{de}^U < f_{de}^D$。为了最大化最小收益，第二阶段应该选择降低价格。

步骤 3：f_{de}^D 在范围 $[0, \beta^*]$ 内关于 β 总体是递增函数。

因为

$$\frac{\partial f_{de}^D}{\partial\beta} = m p_{de}^1 + \frac{\partial N_2}{\partial\beta} + \frac{\partial N_3}{\partial\beta}$$

且

$$\frac{\partial N_2}{\partial\beta} > 0, \quad \frac{\partial N_3}{\partial\beta} < 0$$

当 m 较大时，

$$\frac{\partial f_{de}^D}{\partial\beta} > 0$$

所以 f_{de}^D 在范围 $[0, \beta^*]$ 内关于 β 总体是递增函数。当 $\beta < \beta^*$ 时，$f_{de}^D(\beta) < f_{de}^D(\beta^*)$。

步骤 4：f_{de}^{U}在范围[β^*，1]内关于β是递增函数，表明$p_{de}^{1*} \leqslant p_{de}^{2*}$。

因为

$$\frac{\partial f_{de}^{U}}{\partial \beta}=mp_{de}^{1}+\frac{\partial N_1}{\partial \beta}>0，或\frac{\partial f_{de}^{U}}{\partial \beta}=2mp_{de}^{1}>0$$

在范围[β^*，1]内，f_{de}^{U}关于β是递增函数。当$\beta>\beta^*$时，$f_{de}^{U}(\beta)>f_{de}^{U}(\beta^*)=f_{de}^{D}(\beta^*)$，所以$p_{de}^{1*} \leqslant p_{de}^{2*}$，即在动态的最大最小收益定价模型中，当第一阶段获得最坏情况的收益时，卖家将总是在下一阶段提高价格。

步骤 5：当$\beta=0$时，$p_{de}^{1*} \geqslant p_{de}^{2*}=p_{re}^{*}$。

当在第一阶段没有顾客购买新产品时，$\beta=0$，且$\alpha=0$，$\delta_{i2}=[a_{iL}, p_{de}^{1}]$。如果$p_{de}^{2}>p_{de}^{1}$，则$f_{de}^{U}=0$。如果$p_{de}^{2} \leqslant p_{de}^{1}$，则$f_{de}^{D}=\sum_{i=1}^{m} p_{de}^{2D} q_{dei}^{2D} T_{dei}^{2D}$，$p_{de}^{2*}=\min\{W(e^{a_{L}-1})+1, p_{de}^{1*}\}$。如果$W(e^{a_{L}-1})+1 \leqslant p_{de}^{1*}$，则$p_{de}^{2*}=W(e^{a_{L}-1})+1$。所以$p_{de}^{2*}=p_{re}^{*}$。因为$f_{de}^{D} \geqslant f_{de}^{U}$，所以$p_{de}^{1*} \geqslant p_{de}^{2*}=p_{re}^{*}$。

定理 3.2 陈述了考虑异质偏爱的动态最大最小收益模型中的一个重要结果。如果在第一阶段一部分顾客购买新产品并且最坏情况的收益被获得，公司将在下一阶段提升新产品的价格。在第一阶段，公司通过获得顾客对产品评估的部分信息，决定最优定价以获得最大最小收益。根据第一阶段的购买信息，公司进一步计算顾客的评估值。如果最坏情况的收益被获得，公司将增加第二阶段的价格。特殊地，当在第一阶段没有顾客购买新产品时，第二阶段的价格通常被降低，直到与静态的鲁棒价格相等。

(3)考虑均匀异质分布的动态定价

定理 3.2 陈述了当公司在第一阶段获得最坏情况的收益时两个阶段的价格关系。在本节中，假设顾客的评估服从一个特殊分布，则第一阶段的价格能被精确地得到。

假设公司知道顾客的评估$a_i(i=1, 2, \cdots, m)$位于$[a_{iL}, a_{iH}]$，且垄断者知道a_i的分布是$G(a)$，其中$G(a)$是一个均匀分布，即$a \sim U[a_{L-}$，

a_{H+}]。当 $a_i \geqslant p$ 时，顾客将以 MNL 模型中的概率 q_i 购买新产品。在第一阶段购买产品的高评估顾客的比率能被转化为一个关于 β 分布的函数，即 $\beta+(1-\beta)\alpha=P(a\geqslant p_1)=1-G(p_1)$。定义 Q 为第一阶段的平均购买概率，且 $Q=\frac{e^{a-p_1}}{1+e^{a-p_1}}$，其中 $a=\frac{a_{L-}+a_{H+}}{2}$。为了便于分析，假设 $\beta=P(a\geqslant p_1)\cdot Q=[1-G(p_1)]\cdot\frac{e^{a-p_1}}{1+e^{a-p_1}}$。根据定理 3.2，当第一阶段最坏情况的收益被获得时，公司将在下一阶段提升价格。根据引理 3.5 和定理 3.2，收益函数被定义为

$$f_{de}^{U}=m\beta p_{de}^{1}+\sum_{i=1}^{[\beta+(1-\beta)\alpha]m}p_{de}^{2}q_{dei}^{2}T_{dei}^{2} \tag{3.39}$$

其中，$p_{de}^{2}=\max\{W(e^{p_{de}^{1}-1})+1,\ p_{de}^{1}\}$。动态的最大最小收益优化问题被描述为

$$\max_{p_{de}^{1}} f_{de}^{U} \tag{3.40}$$

其中，价格 p_{de}^{1*} 可以根据 $\frac{\partial f_{de}^{U}}{\partial p_{de}^{1}}=0$ 求解。

推论 3.3：在考虑异质顾客的动态鲁棒最大最小收益问题中，垄断者了解到 $a\sim U[a_{L-},\ a_{H+}]$。当 $W(e^{p_{de}^{1}-1})+1\leqslant p_{de}^{1}$ 时，第一阶段的产品价格可以根据下面的隐式方程求解：

$$(a_{H+}-2p_{de}^{1})(1+e^{a-p_{de}^{1}})-p_{de}^{1}\cdot(a_{H+}-p_{de}^{1})=0 \tag{3.41}$$

当 $W(e^{p_{de}^{1}-1})+1>p_{de}^{1}$ 时，第一阶段的产品价格可以根据下面的方程求得：

$$(a_{H+}-a_{L-})(1+W)e^{a-p_{de}^{1}}[(a_{H+}-2p_{de}^{1})(1+e^{a-p_{de}^{1}})-p_{de}^{1}(a_{H+}-p_{de}^{1})]+(1+e^{a-p_{de}^{1}})^{2}\cdot[W\cdot(a_{H+}-p_{de}^{1})(a_{H+}-W-1)-W\cdot(W+1)(a_{H+}-W-1)-W^{2}\cdot(a_{H+}-p_{de}^{1})]=0 \tag{3.42}$$

其中，$W=W(e^{p_{de}^{1}-1})$。

证明：当 $W(e^{p_{de}^{1}-1})+1\leqslant p_{de}^{1}$ 时，$p_{de}^{2U}=p_{de}^{1}$，且

$$f_{de}^{U}=2m\beta p_{de}^{1}=2mp_{de}^{1}[1-G(p_{de}^{1})]\frac{e^{a-p_{de}^{1}}}{1+e^{a-p_{de}^{1}}}$$

$$=2mp_{de}^{1}\frac{a_{H+}-p_{de}^{1}}{a_{H+}-a_{L-}}\cdot\frac{e^{a-p_{de}^{1}}}{1+e^{a-p_{de}^{1}}}$$

所以

$$\frac{\partial f_{de}^{U}}{\partial p_{de}^{1}}=\frac{2m}{a_{H+}-a_{L-}}\cdot\left\{[(a_{H+}-p_{de}^{1})-p_{de}^{1}]\frac{e^{a-p_{de}^{1}}}{1+e^{a-p_{de}^{1}}}+p_{de}^{1}(a_{H+}-p_{de}^{1})\frac{-e^{a-p_{de}^{1}}}{(1+e^{a-p_{de}^{1}})^{2}}\right\}=0$$

上式被简化为

$$(a_{H+}-2p_{de}^{1})(1+e^{a-p_{de}^{1}})-p_{de}^{1}\cdot(a_{H+}-p_{de}^{1})=0$$

当 $W(e^{p_{de}^{1}-1})+1>p_{de}^{1}$时，$p_{de}^{2U}=W(e^{p_{de}^{1}-1})+1$，且

$$f_{de}^{U}=mp_{de}^{1}[1-G(p_{de}^{1})]\frac{e^{a-p_{de}^{1}}}{1+e^{a-p_{de}^{1}}}+W(e^{p_{de}^{1}-1})[1-G(p_{de}^{1})][1-G(p_{de}^{2})]m$$

$$=mp_{de}^{1}\frac{a_{H+}-p_{de}^{1}}{a_{H+}-a_{L-}}\cdot\frac{e^{a-p_{de}^{1}}}{1+e^{a-p_{de}^{1}}}+W(e^{p_{de}^{1}-1})\frac{a_{H+}-p_{de}^{1}}{a_{H+}-a_{L-}}\cdot\frac{a_{H+}-W-1}{a_{H+}-a_{L-}}m$$

$$\frac{\partial f_{de}^{U}}{\partial p_{de}^{1}}=\left(m\cdot\frac{a_{H+}-p_{de}^{1}}{a_{H+}-a_{L-}}+mp_{de}^{1}\frac{-1}{a_{H+}-a_{L-}}\right)\frac{e^{a-p_{de}^{1}}}{1+e^{a-p_{de}^{1}}}+mp_{de}^{1}\frac{a_{H+}-p_{de}^{1}}{a_{H+}-a_{L-}}\cdot\frac{-e^{a-p_{de}^{1}}}{(1+e^{a-p_{de}^{1}})^{2}}+$$

$$\frac{m}{(a_{H+}-a_{L-})^{2}}\left\{\left[\frac{\partial W}{\partial p_{de}^{1}}(a_{H+}-p_{de}^{1})-W\right](a_{H+}-W-1)+W\cdot(a_{H+}-p_{de}^{1})\left(-\frac{\partial W}{\partial p_{de}^{1}}\right)\right\}$$

$$=\frac{m}{a_{H+}-a_{L-}}\left[(a_{H+}-2p_{de}^{1})\frac{e^{a-p_{de}^{1}}}{1+e^{a-p_{de}^{1}}}+p_{de}^{1}(a_{H+}-p_{de}^{1})\frac{-e^{a-p_{de}^{1}}}{(1+e^{a-p_{de}^{1}})^{2}}\right]+\frac{m}{(a_{H+}-a_{L-})^{2}}\cdot$$

$$\left\{\left[\frac{W}{1+W}(a_{H+}-p_{de}^{1})-W\right](a_{H+}-W-1)-W\cdot(a_{H+}-p_{de}^{1})\frac{W}{1+W}\right\}=0$$

上式被简化为

$$(a_{H+}-a_{L-})(1+W)e^{a-p_{de}^{1}}[(a_{H+}-2p_{de}^{1})(1+e^{a-p_{de}^{1}})-p_{de}^{1}(a_{H+}-p_{de}^{1})]+(1+e^{a-p_{de}^{1}})^{2}\cdot$$

$$[W\cdot(a_{H+}-p_{de}^{1})(a_{H+}-W-1)-W(W+1)(a_{H+}-W-1)-$$

$$W^{2}(a_{H+}-p_{de}^{1})]=0$$

其中，$W=W(e^{p_{de}^{1}-1})$。

3.2.3 数值实验

本节通过数值实验说明：①在产品定价问题中考虑参数不确定性的重要性；②公司对于不确定参数学习的意义。几个不同的实验被描述如下：

在3.2.3.1节中，通过一个数值实验比较精确模型和鲁棒模型，说明考虑参数不确定性的必要性。通过实验发现，当评估非常不准确时，精确模型的收益有较大的偏差。随着评估集合的间距变大，精确模型和鲁棒模型的收益相差更多。相比精确模型，鲁棒模型能获得更稳定的收益。

在3.2.3.2节中，通过一个数值实验比较静态鲁棒模型和动态鲁棒模型的最优解。在动态的鲁棒模型中，第二阶段的价格根据第一阶段的价格和购买信息确定。通过实验发现，相比静态的鲁棒模型，动态的鲁棒模型能获得更高的收益。

3.2.3.1 精确模型和鲁棒模型比较

在产品优化问题中，本节通过数值实验比较精确模型和鲁棒模型的结果，说明考虑参数不确定性的必要性。不失一般性，在下面实验中仅考虑同质的顾客，考虑同质顾客的结论很容易推广到考虑异质顾客的结论中。

在下面的实验中，考虑两个指标以研究鲁棒模型和精确模型的差异性。第一个指标是最坏情况的损失(the Worst-Case Loss，WCL，这与Bertsimas和Mišić[1]是一致的)，它被定义为

$$\mathrm{WCL}=100\%\times\frac{f_{no}(q_{no},\ a)-f_{no}(q_{no},\ \delta)}{f_{no}(q_{no},\ a)} \tag{3.43}$$

其中，$f_{no}(q_{no},\ a)$根据引理3.1中的最优价格和真实的购买需求确定，且$f_{no}(q_{no},\ \delta)=\min_{a\in\delta}f_{no}(q_{no},\ a)$。WCL衡量当估计参数相当不准确时精确模型中收入恶化的程度，即精确模型中最坏情况的收益比期望收益少

多少。

第二个指标是相对误差(Relative Deviation, RD),它被定义为

$$RD = 100\% \times \frac{f_{no}(q_{no}, a) - f_{ro}(q_{ro}, a)}{f_{ro}(q_{ro}, a)} \tag{3.44}$$

其中,$f_{no}(q_{no}, a)$表示考虑同质偏爱的精确模型的收益,$f_{ro}(q_{ro}, a)$表示考虑同质顾客的鲁棒收益。RD 衡量精确模型的收益偏离鲁棒收益的程度,偏离的程度越大,期望的精确模型收益相对于鲁棒收益越不稳定。

在下面的实验中,假设共有七组评估集合 $\delta=[a_L, a_H]$,即[1, 15],[2, 12],[3, 10],[4, 8],[5, 8],[6, 7.5],[7, 7.5]。精确模型的评估参数被假设为 $a=(a_L+a_H)/2$。表 3-1 给出了不同评估集合的 WCL 和 RD 的值。

从表 3-1 中可以观察到 WCL 和 RD 随着不同评估集合的变化而变化的情况。随着评估集合的间距变小,WCL 和 RD 的值也变小。当评估集合是[7, 7.5]时,WCL 是 4.37%,RD 是 4.57%。但是当集合的间距变得相当大时,WCL 和 RD 也变大。例如,当评估集合是[1, 15]时,WCL 上升到 100.00%,RD 也显著增大到 839.30%。从图 3-2 中也能清晰地观察到,评估集合的间距越大,WCL 和 RD 也越大。这表明当顾客的评估参数能被精确地估计时,公司采取精确的产品定价模型将得到类似于预期值的利润。但是,当公司不能精确地估计顾客的评估值时,精确模型的最坏情况损失将变大,精确模型相对鲁棒模型收益的偏差也变大。这时,如果精确的产品定价模型被采用,公司可能遭受较大的损失。因此为了获得更稳定的收益,公司应该采用鲁棒的产品定价模型。

表 3-1 不同评估集合的 WCL 和 RD 的值

评估集合	$f_{no}(q_{no}, a)$	$f_{ro}(q_{ro}, a)$	WCL(%)	RD(%)
[1, 15]	5.3272	0.5671	100.00	839.30
[2, 12]	4.4967	1	77.76	349.67

续表

评估集合	$f_{no}(q_{no}, a)$	$f_{ro}(q_{ro}, a)$	WCL(%)	RD(%)
[3, 10]	4.0912	1.5571	61.94	162.74
[4, 8]	3.6934	2.2079	40.22	67.28
[5, 8]	4.0912	2.9263	28.47	39.81
[6, 7.5]	4.2930	3.6934	13.97	16.23
[7, 7.5]	4.7020	4.4967	4.37	4.57

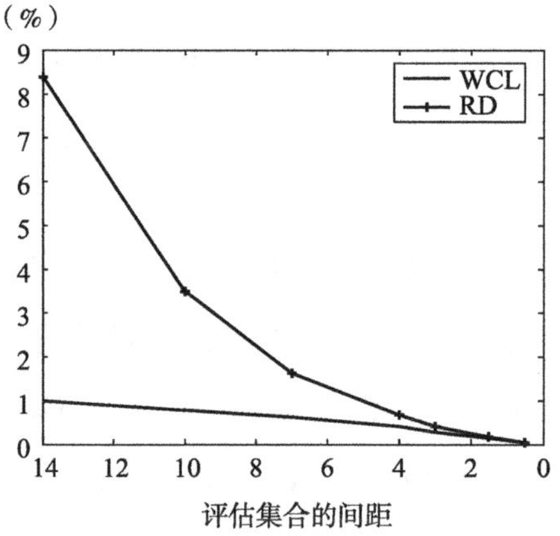

图 3-2 不同评估集合间距下 WCL 和 RD 的变化曲线

3.2.3.2 静态模型和动态模型比较

在本节中，主要针对鲁棒的产品定价问题中静态模型和动态模型进行比较。这部分对本书的最优解与 Handel 和 Misra[200] 中的最优解进行比较，Handel 和 Misra 以最小最大遗憾为目标研究了鲁棒的新产品定价问题。垄断者计划开发一个新产品。假设垄断者只知道顾客对产品的评估 $a_i \in [a_{iL}, a_{iH}]$。这里考虑两种评估集合，$a_L \in [1, 4]$ 且 $a_H \in [10, 18]$，或 $a_L \in [0.1, 0.5]$ 且 $a_H \in [2, 4]$。为了便于分析，同 Handel 和 Misra[200] 一样，假设顾客的真正评估 a_i 服从 a_{iL} 和 a_{iH} 之间的 Beta 分布，通过模拟三组参数（α_1 和 β_1）观察不同顾客的评估对于价格和收益的影响。同时也比较了最大最小收益模型的最优解和最小最大遗憾模型的最优解，包括静态价格和两个阶段的动态价格，以及对应的收益。对于每组评估，生成了 100 个顾客的评估集合。

对于高评估产品，$a_L \in [1,\ 4]$和$a_H \in [10,\ 18]$，静态的最大最小收益定价(p^*)、第一阶段动态的最大最小收益定价(p_1)、静态的最小最大遗憾定价(p_L^*，其中下标 L 表示 Handel 和 Misra[200] 中的解，下面是类似的)和第一阶段动态的最小最大遗憾定价(p_{L1})分别为：

$$p^* = W(e^{a_L-1}) + 1 = 1.58$$

$$p_1 = 6.85$$

$$p_L^* = \frac{a_{H+} + a_{H-}}{4} = 7$$

$$p_{L1} = \frac{23a_{H+} + 49a_{H-}}{144} = 6.28$$

这些解都是根据实际的模拟数据获得的，第二阶段的价格根据第一阶段的价格和真实的购买概率获得。表 3-2 给出了第一阶段顾客的购买概率。

表 3-2　不同评估集合的概率

	$a_L \in [1,\ 4]$，$a_H \in [10,\ 18]$			$a_L \in [0.1,\ 0.5]$，$a_H \in [2,\ 4]$		
	β	α	$P(a_i \geqslant p_{de}^1)$	β	α	$P(a_i \geqslant p_{de}^1)$
A(2, 9)	0.05665	0.02475	0.08	0.0568	0.0458	0.1
B(2, 2)	0.6765	0.1035	0.71	0.4632	0.4225	0.69
C(9, 2)	0.9912	1.0	1.0	0.7906	1.0	1.0

图 3-3 描绘了高评估集合的仿真结果。图中第一列表示的是真实顾客的评估曲线，来自具有不同参数(α_1，β_1)的 Beta 分布，第二列表示对应顾客评估的静态和动态鲁棒模型的价格，第三列表示边际收益。

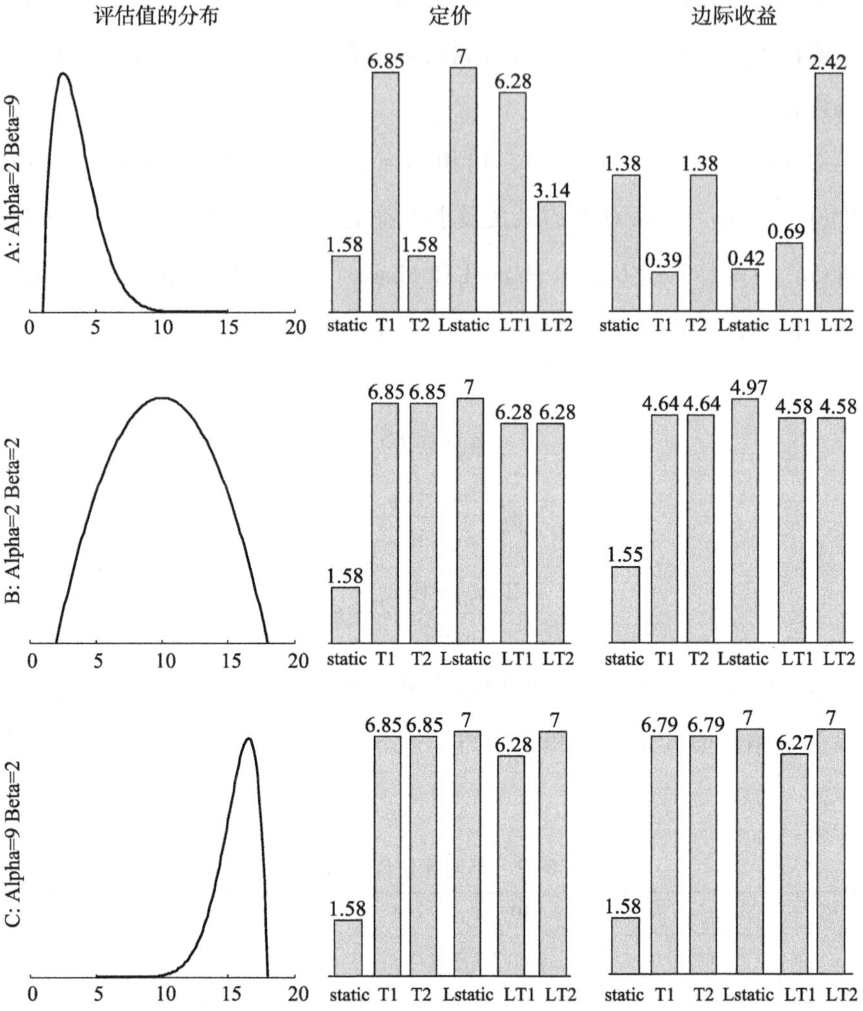

图 3-3 评估集合是 $a_L \in [1, 4]$ 和 $a_H \in [10, 18]$ 时的仿真结果

注："static""T1""T2"分别表示最大最小收益模型中静态的、第一阶段和第二阶段的解，"Lstatic""LT1""LT2"分别表示文献中最小最大遗憾模型中静态的、第一阶段和第二阶段的解；下同。

在实验 A($\alpha_1=2$，$\beta_1=9$)中，真实的评估值通常是比较低的。静态的最大最小收益定价($p^*=1.58$)低于静态的最小最大遗憾定价($p_L^*=7$)，静态的最大最小收益高于最小最大遗憾的收益。在动态模型中，最大最小收益模型的第一阶段购买概率只有 5.67%。通过引理 3.5 可知，第二阶段的价格将降低到 1.58，边际收益从 0.39 上升到了 1.38，和最小最大遗憾模型比较，最大最小收益模型中两个阶段的边际收益都是更低的。

在实验 B($\alpha_1=2$，$\beta_1=2$)中，真实的评估值在评估集合内是对称的。静态的最大最小收益低于最小最大遗憾的收益。在最大最小收益的动态模型中，第一阶段有 67.65%的顾客购买了产品。根据引理 3.5，第二阶段的价格等于第一阶段的价格。在最大最小收益模型中两个阶段的价格都高于最小最大遗憾模型的价格。同时，公司在最大最小收益模型中也获得了更高的边际收益。

在实验 C($\alpha_1=9$，$\beta_1=2$)中，真实的评估值通常是比较高的。最大最小收益模型中静态的边际收益低于最小最大遗憾模型的边际收益。在最大最小收益的动态模型中，几乎所有的顾客都购买了新产品。根据引理 3.5，第二阶段的价格被设置为与第一阶段相同的价格。和最小最大遗憾模型相比，公司在最大最小收益模型中，第一阶段能获得更高的边际收益，但是第二阶段获得的边际收益降低了。

对于低评估产品，$a_L\in[0.1,\ 0.5]$和 $a_H\in[2,\ 4]$，最大最小收益模型的静态价格(p^*)和第一阶段动态价格(p_1)以及最小最大遗憾模型的静态价格(p_L^*)和第一阶段动态价格(p_{L1})分别为：

$$p^*=W(e^{a_{L-}-1})+1=1.3$$

$$p_1=1.39$$

$$p_L^*=\frac{a_{H+}+a_{H-}}{4}=1.5$$

$$p_{L1}=\frac{23a_{H+}+49a_{H-}}{144}=1.32$$

第二阶段价格根据第一阶段价格和购买信息确定。表 3-2 给出了低评估顾客的购买概率。对于低评估顾客的仿真结果如图 3-4 所示。

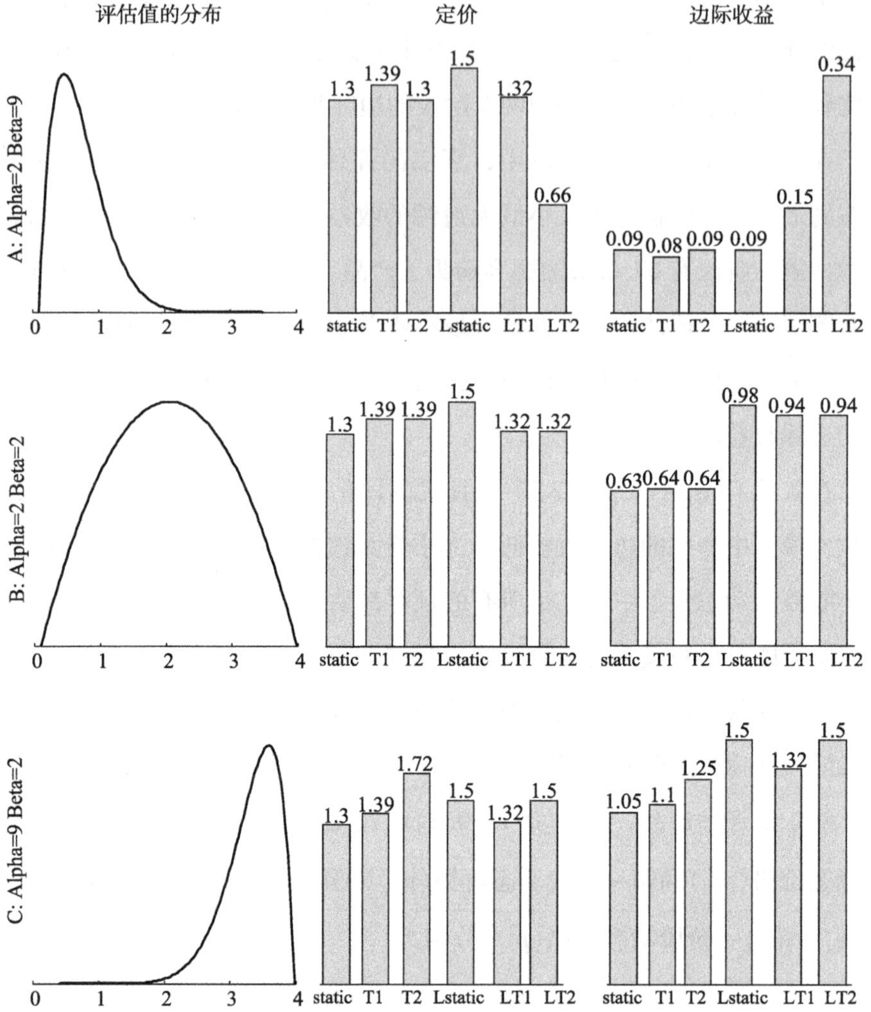

图 3-4　对于评估集合 $a_L \in [0.1, 0.5]$ 和 $a_H \in [2, 4]$ 的仿真结果

在实验 A($\alpha_1 = 2$，$\beta_1 = 9$)中，比较的结果类似于高评估顾客的情况。静态的最大最小收益定价($p^* = 1.3$)低于静态的最小最大遗憾定价($p_L^* = 1.5$)，但是两个鲁棒模型的静态边际收益几乎是一致的。在最大最小收益的动态模型中，第一阶段的价格被设置为 1.39，仅有 5.68%的顾客购买新产品。根据引理 3.5，第二阶段的价格被降低到 1.3. 因此，相对于第一阶段的收益，第二阶段的边际收益增加了。但是，在最大最小收益模型中两个阶段的边际收益都低于最小最大遗憾模型的边际收益。

在实验 B($\alpha_1=2$，$\beta_1=2$)中，在最大最小收益模型中静态价格和静态的边际收益都低于最小最大遗憾模型的值。在最大最小收益的动态模型中，46.32%的顾客在第一阶段购买新产品。因此第二阶段的定价等于第一阶段的定价。与最小最大遗憾模型的两个动态阶段相比，最大最小收益模型的定价更高，但是获得的边际收益更低。

在实验 C($\alpha_1=9$，$\beta_1=2$)中，最大最小收益的静态模型价格和边际收益都低于最小最大遗憾模型。在最大最小收益的动态模型中，较多的顾客在第一阶段购买新产品。根据引理 3.5，第二阶段的价格提升到 1.72。同时，第二阶段的边际收益也高于静态收益和第一阶段的边际收益。但是，在动态模型的两个阶段中，最大最小收益模型的定价高于最小最大遗憾模型的定价，但是边际收益低于最小最大遗憾模型的边际收益。

在最大最小收益模型和最小最大遗憾模型中，发现有时最大最小收益模型的收益更高，有时最小最大遗憾模型的收益更高。在已有文献的最小最大遗憾模型中，当顾客的评估不低于产品的价格时，假设顾客一定会购买新产品。但是，在本书的最大最小收益模型中，顾客的选择行为被考虑。当顾客的评估不低于产品的价格时，顾客以 MNL 模型的概率购买新产品。从数值实验中发现，当在产品定价模型中考虑顾客的选择行为时，评估不低于价格的概率明显高于顾客的真正购买概率。因此，最大最小收益模型的边际收益有时低于最小最大遗憾模型的边际收益。但是，在最大最小收益的产品优化模型中，对顾客选择行为的研究更加符合现实，结果更加符合实际。

3.3 本章小结

在本章中，将传统的产品线定价问题扩展为考虑顾客选择模型中参数不确定性的问题。鲁棒模型假设公司仅知道顾客评估的参数集合，不能精确地获得真实的评估参数值。首先基于 MNL 模型研究了开发一个产品时的鲁棒定价问题，在引入一个精确模型的最优定价后，研究了考虑同质顾客和异质顾客的静态鲁棒模型和动态鲁棒模型。然后通过数值实验比较了精确模型和鲁棒模型，也比较了静态的鲁棒结果和动态的鲁棒结果。

本章研究发现：

(1)鲁棒的产品定价模型对于解决参数不确定性是非常必要的。本章首先对比分析了考虑同质偏爱和异质偏爱的静态的精确模型和鲁棒模型，然后研究了静态鲁棒模型和动态鲁棒模型，同时也得到了静态价格和动态价格的解析解。在动态模型中，第二阶段的价格根据第一阶段的价格和购买信息确定。

(2)最优的精确模型价格不低于最优的鲁棒模型价格。但是，期望的精确模型利润容易受到模型参数的影响。当评估参数不精确时，最坏情况的利润将低于期望的精确模型利润。通过比较精确模型和鲁棒模型，发现当评估参数相当不精确时，鲁棒的产品定价模型优于精确模型。当获得最坏情况的收益时，精确模型的收益和实际收益间的差异很大。随着不确定参数集合的间距变大，鲁棒利润相对于最坏情况精确模型利润的改进也增大。为了获得稳定的收益，当评估参数不精确时，公司应该采取鲁棒定价策略。

(3)数值实验比较了静态模型的最优解和动态模型的最优解。通常，对于同质顾客，动态的初始定价不低于静态定价。对于异质顾客，当获得最坏情况的收益时，第二阶段的价格不低于第一阶段的价格；当在第一阶段没有顾客购买新产品时，第二阶段的价格通常被降低到等于静态价格。公司采取动态的鲁棒模型可以较好地了解顾客对新产品的评估情况，也能较好地制定定价策略以获得最优利润。

第4章

基于半参数选择模型的产品线定价研究

4.1 引言

在产品线设计过程中，模拟顾客的购买行为是一个重要的研究内容。MNL 模型是被广泛使用的顾客选择模型之一，但是 MNL 模型有较强的假设——不相关选项是互相独立的(IIA)且随机误差项服从相同的 Gumbel 分布(IID)——这个假设在实际中有时并不满足。近年来，Natarajan 等[15]提出了 Marginal Distribution Model(MDM)和 Marginal Moment Model(MMM)，它们被归类为半参数选择模型(Semiparametric Choice Models)[16]。这两个模型有简单的公式形式，不需要提供误差的特定分布，并能克服 IIA 问题。

Li 和 Huh[61]基于 NL 模型和 MNL 模型研究了产品线定价问题，本部分的研究受这篇文献启发，但与这篇文献不同的是，本章主要应用 MDM 和 MMM 模拟顾客选择行为。本章基于 MDM 和 MMM 研究产品线定价问题，在垄断和寡头市场中，分别研究了利润函数的性质，得到了最优价格和市场份额的求解方程，并分析了不同参数对最优解的影响。

4.2 垄断市场下的产品线定价模型

本部分首先详细介绍了 MDM 和 MMM，然后证明垄断市场下基于 MDM 和 MMM 的产品线定价模型的利润函数是凹函数，并获得求解最优价格和最优市场份额的隐式方程。

4.2.1 MDM 和 MMM

Natarajan 等[15]提出了两个新的选择模型——Marginal Distribution Model (MDM)和 Marginal Moment Model(MMM)，当随机效用有有限的信息时，即效用误差项的分布函数或者均值和方差是已知的，MDM 和 MMM 就可以被应用。假设顾客所属的集合为 I，产品所属的集合为 K，以 u_{ik}定义顾客 $i(i \in I)$选择产品 $k(k \in K)$的感知效用，它被表示为

$$u_{ik}=v_{ik}+\varepsilon_{ik} \tag{4.1}$$

其中，v_{ik}表示从产品的可观察属性中获得的确定效用，ε_{ik}表示不可观测到或特殊的效用误差项。假设 ε_{ik}是一个随机变量，顾客至多选择一个产品，顾客的效用最大化模型被定义为

$$Z(u_i) = \max_{i \in I}\left\{\sum_{k \in K} u_{ik}x_{ik}:\ \sum_{k \in K} x_{ik} = 1,\ x_{ik} \in \{0,\ 1\}\ \forall k \in K\right\} \tag{4.2}$$

以 q_{ik}定义顾客 i 选择产品 k 的概率，则

$$q_{ik}=q(x_{ik}(u_i)=1)=q(u_{ik} \geqslant u_{ij},\ \forall j \in K) \tag{4.3}$$

如果效用误差项 ε_{ik}的一些有限分布信息已知，例如，边际分布或边际矩，已知的分布信息被定义为 Θ，然后为了最大化顾客的福利(或效用)需要确定一个极值分布 $\theta \in \Theta$，

$$\max_{\theta \in \Theta} E_\theta(Z(u_i)) \tag{4.4}$$

Natarajan 等[15]的主要结论如下：对于顾客 i，假设 ε_{ik}是一个连续随机变量，它的分布函数是 $F_{ik}(\varepsilon)$，式(4.4)等价于下面的最大化问题：

$$\max_{q_{ik}}\left\{\sum_{k \in K}\left(v_{ik}q_{ik} + \int_{1-q_{ik}}^{1} F_{ik}^{-1}(t)\,dt\right):\ \sum_{k \in K} q_{ik} = 1,\ q_{ik} \geqslant 0\ \forall k \in K\right\} \tag{4.5}$$

在 MDM 中，最优条件下的选择概率为

$$q_{ik}^{*}=1-F_{ik}(\lambda_i-v_{ik}) \tag{4.6}$$

其中，拉格朗日乘子 λ_i 根据下面方程求解

$$\sum_{k \in K} q_{ik}^{*} = \sum_{k \in K} (1 - F_{ik}(\lambda_i - v_{ik})) = 1 \tag{4.7}$$

如果随机效用误差 ε_{ik} 的均值 0 和方差 σ_{ik} 已知，即效用 u_{ik} 的均值 v_{ik} 和方差 σ_{ik} 已知，但是精确的分布函数未知，在 MMM 下的最大化问题被定义为

$$\max_{q_{ik}} \left\{ \sum_{k \in K} \left(v_{ik} q_{ik} + \sigma_{ik} \sqrt{q_{ik}(1 - q_{ik})} \right) : \sum_{k \in K} q_{ik} = 1, \ q_{ik} \geqslant 0 \, \forall k \in K \right\} \tag{4.8}$$

获得的最优选择概率为

$$q_{ik}^{*} = \frac{1}{2}\left(1 + \frac{v_{ik} - \lambda_i}{\sqrt{(v_{ik} - \lambda_i)^2 + \sigma_{ik}^2}}\right) \tag{4.9}$$

其中，拉格朗日乘子 λ_i 由下面方程求解

$$\sum_{k \in K} q_{ik}^{*} = \sum_{k \in K} \frac{1}{2}\left(1 + \frac{v_{ik} - \lambda_i}{\sqrt{(v_{ik} - \lambda_i)^2 + \sigma_{ik}^2}}\right) = 1 \tag{4.10}$$

MDM 和 MMM 都依赖于拉格朗日乘子 λ，不相关选项的独立性不必保持，因此，MDM 和 MMM 的约束不像 MNL 模型或 MNP 模型那样强，不必服从 IIA 特性，不需要大量的仿真实验，有更广泛的应用范围。当效用误差的分布函数或者均值和方差已知时，通过求解效用最大化模型就可以求得最优的选择概率。

4.2.2 基于 MDM 利润函数的凹性

假设垄断公司计划开发多个产品以获得最大利润，产品所属集合为 $J=\{1, \cdots, J_n\}$，市场仅有一个细分市场。顾客选择产品 $j(j \in J)$ 的效用为 $u_j=v_j+\varepsilon_j$，其中，v_j 是与产品的已知属性相关的确定性效用，ε_j 是与模型中没有考虑到的因素相关的随机误差。令 q_j 表示顾客选择产品 j 的概率（或市场份额），则 MDM 的概率函数表示为

$$\begin{cases} q_j = 1 - F_j(\lambda - v_j) \\ \sum_{j \in J \cup \{0\}} q_j = 1 \end{cases} \tag{4.11}$$

其中，F_j 是随机误差项 ε_j 的分布函数，产品 0 表示一个外部选择，即不买 J 中任一产品。定义 v_0 是顾客购买产品 0 得到的确定性效用，σ_0 是随机效用误差的方差，q_0 是顾客选择产品 0 的概率，假设 v_0 和 σ_0 是已知的。

因为产品的效用与产品的属性直接相关，并与价格负相关，定义

$$v_j = a_j - bp_j \tag{4.12}$$

其中，a_j 是与产品 j 的属性相关（如质量）的效用且独立于价格，p_j 表示产品 j 的价格，b 表示顾客对产品的价格敏感性系数。在本章中，假设价格敏感性系数只和公司有关，与单个产品无关，因为属于同一公司的产品是可能有相似属性的[61]。这与品牌忠诚度的思想也是一致的，如果一个顾客忠诚于某个品牌，顾客的购买行为通常与品牌本身有关，而与单个产品的价格波动无关。定义市场份额向量为 $q=(q_0, q_1, q_2, \cdots, q_{J_n})$，且价格向量为 $p=(p_1, p_2, \cdots, p_{J_n})$。

Hanson 和 Martin[58] 已经指出产品线优化模型的利润函数关于价格是非凹的，因此，本节将利润函数转化为关于市场份额的函数，然后证明这个利润函数的凹性。

垄断公司获得的利润函数被表示为

$$\Gamma(q) = R(q) - C(q) \tag{4.13}$$

其中，右边的第一部分表示收益函数，第二部分表示成本函数。公司的收益被进一步表示为

$$R(q) = \sum_{j \in J} p_j(q) \cdot q_j \tag{4.14}$$

成本被表示为

$$C(q) = \sum_{j \in J} c_j q_j \tag{4.15}$$

其中，c_j 表示产品 j 的单位成本。

利润最大化问题被描述为

$$\max\Gamma(q)$$

$$\text{s.t.} \sum_{j\in J\cup\{0\}} q_j = 1 \tag{4.16}$$

因为 $q_0=1-F_0(\lambda-v_0)$，$\lambda=v_0+F_0^{-1}(1-q_0)$，且 $v_j=\lambda-F_j^{-1}(1-q_j)=a_j-bp_j$，则

$$p_j(q)=\frac{a_j-\lambda}{b}+\frac{1}{b}F_j^{-1}(1-q_j) \tag{4.17}$$

因此收益函数能被重新表述为

$$\begin{aligned} R(q) &= \sum_{j\in J} p_j(q)q_j = \sum_{j\in J}\left[\frac{a_j-\lambda}{b}q_j+\frac{q_j}{b}F_j^{-1}(1-q_j)\right] \\ &= \sum_{j\in J}\left\{\frac{a_j-[v_0+F_0^{-1}(1-q_0)]}{b}\cdot q_j+\frac{q_j}{b}F_j^{-1}(1-q_j)\right\} \\ &= \sum_{j\in J}\left\{\frac{a_j-v_0}{b}\cdot q_j-\frac{q_j}{b}F_0^{-1}(1-q_0)+\frac{q_j}{b}F_j^{-1}(1-q_j)\right\} \end{aligned} \tag{4.18}$$

因为 $C(q)=\sum\limits_{j\in J} c_jq_j$ 关于 q 是线性的，为了证明利润函数 $\Gamma(q)$ 关于 q 是凹函数，仅需证明收益函数 $R(q)$ 关于 q 是凹函数。

命题 4.1：当下面两个条件同时被满足时，式(4.16)中基于 MDM 的利润函数 $\Gamma(q)$ 是凹函数：

(1) $(q_0-1)F_0^{-1}(1-q_0)$ 关于 $q_0\in[0, 1]$ 是凹函数；

(2) $q_jF_j^{-1}(1-q_j)$ 关于 $q_j\in[0, 1]$ 是凹函数。

证明：因为

$$\begin{aligned} R(q) &= \sum_{j\in J}\left[\frac{a_j-v_0}{b}\cdot q_j-\frac{q_j}{b}F_0^{-1}(1-q_0)+\frac{q_j}{b}F_j^{-1}(1-q_j)\right] \\ &= \sum_{j\in J}\frac{a_j-v_0}{b}\cdot q_j-\frac{1-q_0}{b}F_0^{-1}(1-q_0)+\sum_{j\in J}\frac{q_j}{b}F_j^{-1}(1-q_j) \end{aligned}$$

因此当下面两个条件满足时，$R(q)$是凹函数：

(1)$(q_0-1)F_0^{-1}(1-q_0)$关于$q_0\in[0,1]$是凹函数；

(2)$q_jF_j^{-1}(1-q_j)$关于$q_j\in[0,1]$是凹函数。

利润函数被定义为$\Gamma(q)=R(q)-C(q)$，且$C(q)=\sum_{j\in J}c_jq_j$关于$q_j\in[0,1]$是线性的，所以利润函数$\Gamma(q)$也是凹函数。

推论 4.1：在命题 4.1 中，当分布函数是下面函数之一时，基于 MDM 的利润函数$\Gamma(q)$都是凹函数：

(1)指数分布；

(2)t 分布；

(3)广义指数分布；

(4)均匀分布；

(5)标准正态分布；

(6)柯西分布。

证明：(1)指数函数的分布函数为$F(\varepsilon)=1-e^{-\alpha\varepsilon}(\alpha>0)$，则$F^{-1}(\varepsilon)=-\frac{1}{\alpha}\ln(1-\varepsilon)$。

①$(q_0-1)F_0^{-1}(1-q_0)=(q_0-1)\left(-\frac{1}{\alpha}\right)\ln q_0=\frac{1}{\alpha}(1-q_0)\ln q_0$，关于$q_0\in[0,1]$是凹函数；

②$q_jF_j^{-1}(1-q_j)=-\frac{1}{\alpha}q_j\ln q_j$，关于$q_j\in[0,1]$是凹函数。

(2)t 分布的分布函数为$F(\varepsilon)=\frac{1}{2}\left(1+\frac{\varepsilon}{\sqrt{\sigma^2+\varepsilon^2}}\right)(\sigma>0)$，则$F^{-1}(\varepsilon)=\frac{(2\varepsilon-1)\sigma}{2\sqrt{\varepsilon-\varepsilon^2}}$。

①令

$$(q_0-1)F_0^{-1}(1-q_0)=\frac{(q_0-1)(1-2q_0)\sigma}{2\sqrt{q_0-q_0^2}}=y$$

则

$$\frac{\partial y}{\partial q_0}=\frac{\sigma}{2}\left[(-4q_0+3)(q_0-q_0^2)^{-\frac{1}{2}}-\frac{1}{2}(4q_0^3-8q_0^2+5q_0-1)(q_0-q_0^2)^{-\frac{3}{2}}\right]$$

$$\frac{\partial^2 y}{\partial q_0^2}=\frac{\sigma}{8}(q_0-q_0^2)^{-\frac{5}{2}}(-2q_0^2+5q_0-3)\leqslant 0$$

所以$(q_0-1)F_0^{-1}(1-q_0)$关于$q_0\in[0, 1]$是凹函数。

②令

$$q_jF_j^{-1}(1-q_j)=\frac{q_j(1-2q_j)\sigma}{2\sqrt{q_j-q_j^2}}=t$$

则

$$\frac{\partial t}{\partial q_j}=\frac{1}{2}\sigma(q_j-q_j^2)^{-\frac{3}{2}}\left(\frac{1}{2}q_j-3q_j^2+2q_j^3\right)$$

$$\frac{\partial^2 t}{\partial q_j^2}=\frac{1}{2}\sigma(q_j-q_j^2)^{-\frac{5}{2}}\left(-\frac{1}{4}q_j-\frac{1}{2}q_j^2\right)\leqslant 0$$

所以，$q_jF_j^{-1}(1-q_j)$关于$q_j\in[0, 1]$是凹函数。

(3)广义指数分布的分布函数为$F_{ij}(x)=1-e^{-x}G_{ij}(e^{V_{i1}}, \cdots, e^{V_{ij}}, \cdots, e^{V_{in}})$，$G_{ij}=\partial G(\delta_{i1}, \cdots, \delta_{in})/\partial\delta_{ij}$，$\delta_{ij}=e^{V_{ij}}$，则$F^{-1}(x)=\ln G(\cdot)-\ln(1-x)$。

①$(q_0-1)F_0^{-1}(1-q_0)=(q_0-1)(\ln G(\cdot)-\ln q_0)$，关于$q_0\in[0, 1]$是凹函数；

②$q_jF_j^{-1}(1-q_j)=q_j(\ln G(\cdot)-\ln q_j)$，关于$q_j\in[0, 1]$是凹函数。

(4)均匀分布的分布函数为$F(x)=\frac{x-a}{b-a}(a<b)$，则$F^{-1}(x)=x(b-a)+a$。

①$(q_0-1)F_0^{-1}(1-q_0)=(q_0-1)[(1-q_0)(b-a)+a]$，关于$q_0\in[0, 1]$是凹函数；

②$q_jF_j^{-1}(1-q_j)=q_j[(1-q_j)(b-a)+a]$，关于 $q_j\in[0,1]$是凹函数。

(5)正态分布的分布函数是 $F(x)=\frac{1}{\sqrt{2\pi}\sigma}\int_{-\infty}^{x}e^{-\frac{(t-\mu)^2}{2\sigma^2}}\mathrm{d}t$，$-\infty<x<\infty$，当 $\mu=0$，$\sigma=1$ 时，标准正态分布的分布函数是 $\Phi(x)=\frac{1}{\sqrt{2\pi}}\int_{-\infty}^{x}e^{-\frac{t^2}{2}}\mathrm{d}t$，$-\infty<x<\infty$。

①令$(q_0-1)F_0^{-1}(1-q_0)=w$，则

$$\frac{\partial w}{\partial q_0}=F^{-1}(1-q_0)-(q_0-1)\sqrt{2\pi}\sigma e^{\frac{(1-q_0-\mu)^2}{2\sigma^2}}$$

$$\frac{\partial^2 w}{\partial q_0^2}=2\sqrt{2\pi}\sigma e^{\frac{(1-q_0-\mu)^2}{2\sigma^2}}(-1)+(q_0-1)\sqrt{2\pi}\sigma e^{\frac{(1-q_0-\mu)^2}{2\sigma^2}}\frac{2(1-q_0-\mu)}{2\sigma^2}$$

上式的正负是不确定的，但是当 $\mu=0$ 且 $\sigma=1$ 时，

$$\frac{\partial^2 w}{\partial q_0^2}=2\sqrt{2\pi}\cdot e^{\frac{(1-q_0)^2}{2}}(-1)+(q_0-1)\sqrt{2\pi}\cdot e^{\frac{(1-q_0)^2}{2}}\frac{2(1-q_0)}{2}\leqslant 0$$

因此$(q_0-1)F_0^{-1}(1-q_0)$关于 $q_0\in[0,1]$是凹函数。

②令 $q_jF_j^{-1}(1-q_j)=t$，当 $\mu=0$ 且 $\sigma=1$ 时，

$$\frac{\partial t}{\partial q_j}=F_j^{-1}(1-q_j)-q_j\sqrt{2\pi}e^{\frac{(1-q_j)^2}{2}}$$

$$\frac{\partial^2 t}{\partial q_j^2}=\sqrt{2\pi}\cdot e^{\frac{(1-q_j)^2}{2}}(-2+q_j-q_j^2)\leqslant 0$$

所以，$q_jF_j^{-1}(1-q_j)$关于 $q_j\in[0,1]$是凹函数。

(6)柯西分布的分布函数为

$$F(x)=\frac{1}{\pi}\arctan\left(\frac{x-x_0}{\gamma}\right)+\frac{1}{2}$$

$$F^{-1}(x)=x_0+\gamma\tan\left[\pi\left(x-\frac{1}{2}\right)\right]$$

其中，$\gamma>0$。

①令

$$(q_0-1)F_0^{-1}(1-q_0)=(q_0-1)\left\{x_0+\gamma\tan\left[\pi\left(1-q_0-\frac{1}{2}\right)\right]\right\}=w$$

则

$$\frac{\partial w}{\partial q_0}=\left\{x_0+\gamma\tan\left[\pi\left(1-q_0-\frac{1}{2}\right)\right]\right\}+(q_0-1)\left[\gamma\frac{1}{\cos^2\left(\frac{\pi}{2}-\pi q_0\right)}(-\pi)\right]$$

$$\frac{\partial^2 w}{\partial q_0^2}=\frac{-2\pi\gamma}{\cos^2\left(\frac{\pi}{2}-\pi q_0\right)}+(q_0-1)\pi^2\gamma\frac{\sin2\left(\frac{\pi}{2}-\pi q_0\right)}{\cos^4\left(\frac{\pi}{2}-\pi q_0\right)}$$

$$=\frac{\gamma}{\cos^4\left(\frac{\pi}{2}-\pi q_0\right)}\left[-2\pi\cos^2\left(\frac{\pi}{2}-\pi q_0\right)+(q_0-1)\pi^2\sin2\left(\frac{\pi}{2}-\pi q_0\right)\right]\leqslant0$$

②令

$$q_jF_j^{-1}(1-q_j)=q_j\left\{x_0+\gamma\tan\left[\pi\left(1-q_j-\frac{1}{2}\right)\right]\right\}=t$$

则

$$\frac{\partial t}{\partial q_j}=x_0+\gamma\tan\left[\pi\left(1-q_j-\frac{1}{2}\right)\right]+q_j\left[\gamma\frac{1}{\cos^2\left(\frac{\pi}{2}-\pi q_j\right)}(-\pi)\right]$$

$$\frac{\partial^2 t}{\partial q_j^2}=\frac{-2\pi\gamma}{\cos^2\left(\frac{\pi}{2}-\pi q_j\right)}+q_j\pi^2\gamma\frac{\sin2\left(\frac{\pi}{2}-\pi q_j\right)}{\cos^4\left(\frac{\pi}{2}-\pi q_j\right)}$$

$$=\frac{\pi\gamma}{\cos^4\left(\frac{\pi}{2}-\pi q_j\right)}\left[-2\cos^2\left(\frac{\pi}{2}-\pi q_j\right)+q_j\pi\sin2\left(\frac{\pi}{2}-\pi q_j\right)\right]\leqslant0$$

因此当分布函数是柯西分布时，利润函数是凹函数。

在推论 4.1 中，仅考虑了几个常用的分布函数，其他的分布函数需要被进一步探讨。因为仅需知道效用误差项的均值和方差就可以应用 MMM，所以 MMM 的应用范围比 MDM 更加广泛，下面重点研究 MMM。

4.2.3 基于 MMM 利润函数的凹性

本节将研究基于 MMM 的产品线定价模型的利润函数的凹函数性质，并讨论最优性条件。

4.2.3.1 利润函数的凹性

假设垄断公司计划开发 J_n 个产品，市场中仅有一个细分市场。通过应用类似于 4.2.2 节中的假设和定义，并且假设随机效用的均值 v_j 和方差 σ_j 已知，则基于 MMM 的产品线定价模型被描述为

$$\max\Gamma(q)=R(q)-C(q)$$
$$\text{s. t.} \sum_{j\in J\cup\{0\}} q_j = 1 \tag{4.19}$$

其中

$$q_j=\frac{1}{2}\left(1+\frac{v_j-\lambda}{\sqrt{(v_j-\lambda)^2+\sigma_j^2}}\right) \tag{4.20}$$

方程(4.20)能被重写为

$$v_j=\lambda+\frac{(2q_j-1)\sigma_j}{2}(q_j-q_j^2)^{-\frac{1}{2}} \tag{4.21}$$

因为 $q_0=\frac{1}{2}\left(1+\frac{v_0-\lambda}{\sqrt{(v_0-\lambda)^2+\sigma_0^2}}\right)$，则

$$\lambda=v_0-\frac{(2q_0-1)\sigma_0}{2}(q_0-q_0^2)^{-\frac{1}{2}} \tag{4.22}$$

又 $v_j=a_j-bp_j$，所以价格关于市场份额的映射为

$$\begin{aligned}p_j(q)&=\frac{a_j-v_j}{b}=\frac{1}{b}\left[a_j-\lambda-\frac{(2q_j-1)\sigma_j}{2}(q_j-q_j^2)^{-\frac{1}{2}}\right]\\&=\frac{1}{b}\left[a_j-v_0+\frac{(2q_0-1)\sigma_0}{2}(q_0-q_0^2)^{-\frac{1}{2}}-\frac{(2q_j-1)\sigma_j}{2}(q_j-q_j^2)^{-\frac{1}{2}}\right]\end{aligned} \tag{4.23}$$

其中，$\sigma_j>0$，$\sigma_0>0$，关于变量市场份额的收益函数为

$$R(q)=\sum_{j\in J}p_j(q)\cdot q_j$$

$$=\sum_{j\in J}\left[\frac{a_j-v_0}{b}q_j+\frac{(2q_0-1)\sigma_0}{2b}q_j(q_0-q_0^2)^{-\frac{1}{2}}-\frac{q_j(2q_j-1)\sigma_j}{2b}(q_j-q_j^2)^{-\frac{1}{2}}\right] \tag{4.24}$$

利润函数是$\Gamma(q)=R(q)-C(q)=\sum_{j\in J}p_j(q)\cdot q_j-\sum_{j\in J}c_jq_j$，且$C(q)$关于$q_j\in(0,1)$是线性的，为了证明利润函数关于市场份额是凹函数，仅需证明收益函数$R(q)$关于市场份额是凹函数即可。

定理4.1：在一个垄断公司中，对于任意的产品$j(j\in J)$，基于MMM的收益函数$R(q)$和利润函数$\Gamma(q)$关于市场份额q都是凹函数。

证明：对于式(4.24)中的收益函数$R(q)$，右边的第一部分关于q是线性的，第二部分被表示为

$$w(q)=\sum_{j\in J}\frac{(2q_0-1)\sigma_0}{2b}q_j(q_0-q_0^2)^{-\frac{1}{2}}=\frac{\sigma_0}{2}(2q_0-1)(q_0-q_0^2)^{-\frac{1}{2}}\sum_{j\in J}\frac{q_j}{b}$$

因为$q_0=1-\sum_{j\in J}q_j$，则

$$\frac{\partial w(q)}{\partial q_j}=(q_0-q_0^2)^{-\frac{3}{2}}\left[-\frac{\sigma_0}{4}\sum_{j\in J}\frac{q_j}{b}+\frac{\sigma_0}{2b}(-q_0+3q_0^2-2q_0^3)\right]$$

$$\frac{\partial^2 w(q)}{\partial q_j^2}=(q_0-q_0^2)^{-\frac{5}{2}}\left[\frac{3\sigma_0}{8}(2q_0-1)\sum_{j\in J}\frac{q_j}{b}-\frac{\sigma_0}{2b}(q_0-q_0^2)\right]$$

$$=\frac{\sigma_0}{8b}(q_0-q_0^2)^{-\frac{5}{2}}(-2q_0^2+5q_0-3)\leqslant 0$$

第三部分被表示为

$$t(q)=\sum_{j\in J}\left[-\frac{q_j(2q_j-1)\sigma_j}{2b}(q_j-q_j^2)^{-\frac{1}{2}}\right]$$

则

$$\frac{\partial t(q)}{\partial q_j}=\frac{\sigma_j}{2b}(1-4q_j)(q_j-q_j^2)^{-\frac{1}{2}}-\frac{\sigma_j}{4b}(q_j-4q_j^2+4q_j^3)(q_j-q_j^2)^{-\frac{3}{2}}$$

$$\frac{\partial^2 t(q)}{\partial q_j^2}=\frac{\sigma}{8b}(q_j-q_j^2)^{-\frac{5}{2}}(-q_j-2q_j^2)\leqslant 0$$

所以$\frac{\partial^2 R(q)}{\partial q_i^2}\leqslant 0$，且$\frac{\partial^2 R(q)}{\partial q_i \partial q_j}=\frac{\partial^2 w(q)}{\partial q_j^2}\leqslant 0(i\neq j)$。下面求收益函数 $R(q)$ 的海塞矩阵，令$\frac{\partial^2 R(q)}{\partial q_i^2}=B_i\leqslant 0$，$\frac{\partial^2 R(q)}{\partial q_i \partial q_j}=A\leqslant 0$，且 $|B|=\min\limits_i |B_i|$，$|B|\geqslant |A|$。

因为

$$\begin{vmatrix} B & A & \cdots & A \\ A & B & \cdots & A \\ \vdots & \vdots & \ddots & \vdots \\ A & A & \cdots & B \end{vmatrix}=\begin{vmatrix} B+(n-1)A & A & \cdots & A \\ B+(n-1)A & B & \cdots & A \\ \vdots & \vdots & \ddots & \vdots \\ B+(n-1)A & A & \cdots & B \end{vmatrix}$$

$$=[B+(n-1)A]\begin{vmatrix} 1 & A & \cdots & A \\ 1 & B & \cdots & A \\ \vdots & \vdots & \ddots & \vdots \\ 1 & A & \cdots & B \end{vmatrix}$$

$$=[B+(n-1)A]\cdot(B-A)^{n-1}$$

$$\begin{cases}\leqslant 0，\text{如果 } n \text{ 是奇数} \\ >0，\text{如果 } n \text{ 是偶数}\end{cases}$$

假设 $B_i=B+\Delta_i(\Delta_i\leqslant 0，B_i\leqslant 0)$，则

$$\begin{vmatrix} B & A & \cdots & A & \cdots & A \\ A & B & \cdots & A & \cdots & A \\ \vdots & \vdots & \ddots & \vdots & \vdots & \vdots \\ A & A & \cdots & B_i & \cdots & A \\ \vdots & \vdots & \vdots & \vdots & \ddots & \vdots \\ A & A & \cdots & A & \cdots & B \end{vmatrix}=\begin{vmatrix} B & A & \cdots & A & \cdots & A \\ A & B & \cdots & A & \cdots & A \\ \vdots & \vdots & \ddots & \vdots & \vdots & \vdots \\ A & A & \cdots & B & \cdots & A \\ \vdots & \vdots & \vdots & \vdots & \ddots & \vdots \\ A & A & \cdots & A & \cdots & B \end{vmatrix}+$$

$$\begin{vmatrix} B & A & \cdots & A & \cdots & A \\ A & B & \cdots & A & \cdots & A \\ \vdots & \vdots & \ddots & \vdots & \vdots & \vdots \\ 0 & 0 & \cdots & \Delta_i & \cdots & 0 \\ \vdots & \vdots & \vdots & \vdots & \ddots & \vdots \\ A & A & \cdots & A & \cdots & B \end{vmatrix}$$

$$=[B+(n-1)A]\cdot(B-A)^{n-1}+\Delta_i\cdot(-1)^{i+i}\cdot\begin{vmatrix} B & A & \cdots & A \\ A & B & \cdots & A \\ \vdots & \vdots & \ddots & \vdots \\ A & A & \cdots & B \end{vmatrix}_{(n-1)\times(n-1)}$$

$$=[B+(n-1)A]\cdot(B-A)^{n-1}+\Delta_i\cdot[B+(n-2)A]\cdot(B-A)^{n-2}$$

$$\begin{cases} \leqslant 0，如果 n 是奇数 \\ >0，如果 n 是偶数 \end{cases}$$

当上面的矩阵有多个 B_i 时，可以获得类似的结论，因此 $R(q)$ 的海塞矩阵是半负定的，$R(q)$ 关于变量 q 是凹函数。

利润函数是 $\Gamma(q)=R(q)-C(q)$，且 $C(q)=\sum_{j\in J}c_jq_j$ 关于 q 是线性的，因此 $R(q)$ 和 $\Gamma(q)$ 关于 q 都是凹函数。

定理 4.3 表明，在垄断市场中，当价格敏感系数都相同，即 b 仅与公司有关时，利润函数关于市场份额是凹函数，因此可以通过一阶条件获得利润最大化问题的最优价格和最优市场份额。

4.2.3.2 最大化利润

在上一部分中，垄断市场的收益函数和利润函数已经被证明是凹函数。通过求利润函数的导数，可以获得最优的市场份额和最优价格，得到的函数值是最优利润。

定理 4.2：在垄断市场中，当公司计划开发 J_n 个产品时，对于每个产品

$j(j\in J)$，最优价格 p_j 和最优市场份额 q_j 可以通过以下方程求得：

$$\begin{cases}\dfrac{\sigma_0}{4b}\left[\sum\limits_{j\in J}q_j-\left(\sum\limits_{j\in J}q_j\right)^2\right]^{-\frac{3}{2}}\cdot\left[-\sum\limits_{j\in J}q_j+6\left(\sum\limits_{j\in J}q_j\right)^2-4\left(\sum\limits_{j\in J}q_j\right)^3\right]+\\ \dfrac{\sigma_j}{4b}(q_j-q_j^2)^{-\frac{3}{2}}\cdot(-q_j+6q_j^2-4q_j^3)=\dfrac{a_j-v_0}{b}-c_j\\ p_j=\dfrac{\sigma_0}{4b}\left[\sum\limits_{j\in J}q_j-\left(\sum\limits_{j\in J}q_j\right)^2\right]^{-\frac{3}{2}}\sum\limits_{j\in J}q_j+\dfrac{\sigma_j}{4b}q_j(q_j-q_j^2)^{-\frac{3}{2}}+c_j\end{cases}\tag{4.25}$$

证明：因为

$$\frac{\partial R(q)}{\partial q_j}=p_j+\sum_{t\in J}\frac{\partial p_t}{\partial q_j}q_t$$

又

$$p_j(q)=\frac{a_j-v_0}{b}+\frac{\sigma_0}{2b}(2q_0-1)(q_0-q_0^2)^{-\frac{1}{2}}-\frac{\sigma_j}{2b}(2q_j-1)(q_j-q_j^2)^{-\frac{1}{2}}$$

且

$$\begin{aligned}\frac{\partial p_t(q)}{\partial q_j}&=\frac{\sigma_0}{2b}(q_0-q_0^2)^{-\frac{3}{2}}\left[(-2)(q_0-q_0^2)-\frac{1}{2}(2q_0-1)^2\right]-\\&\quad\frac{\sigma_t}{2b}(q_t-q_t^2)^{-\frac{3}{2}}\left[2(q_t-q_t^2)+\frac{1}{2}(2q_t-1)^2\right]\cdot 1_{(t=j)}\\&=\frac{\sigma_0}{2b}(q_0-q_0^2)^{-\frac{3}{2}}\left(-\frac{1}{2}\right)-\frac{\sigma_t}{2b}(q_t-q_t^2)^{-\frac{3}{2}}\frac{1}{2}\cdot 1_{(t=j)}\end{aligned}$$

则

$$\begin{aligned}\frac{\partial R(q)}{\partial q_j}&=p_j(q)+\sum_{t\in J}\frac{\partial p_t(q)}{\partial q_j}q_t\\&=p_j+\sum_{t\in J}\left[\frac{\sigma_0}{2b}q_t(q_0-q_0^2)^{-\frac{3}{2}}\left(-\frac{1}{2}\right)\right]-\frac{\sigma_j}{4b}q_j(q_j-q_j^2)^{-\frac{3}{2}}\\&=p_j-\frac{\sigma_0}{4b}(q_0-q_0^2)^{-\frac{3}{2}}\sum_{t\in J}q_t-\frac{\sigma_j}{4b}q_j(q_j-q_j^2)^{-\frac{3}{2}}\end{aligned}$$

因为

$$\frac{\partial\Gamma(q)}{\partial q_j}=\frac{\partial R(q)}{\partial q_j}-\frac{\partial C(q)}{\partial q_j}=0$$

则

$$p_j(q)=\frac{\sigma_0}{4b}(q_0-q_0^2)^{-\frac{3}{2}}(1-q_0)+\frac{\sigma_j}{4b}q_j(q_j-q_j^2)^{-\frac{3}{2}}+c_j$$

$$=\frac{\sigma_0}{4b}\left[\sum_{j\in J}q_j-\left(\sum_{j\in J}q_j\right)^2\right]^{-\frac{3}{2}}\sum_{j\in J}q_j+\frac{\sigma_j}{4b}q_j(q_j-q_j^2)^{-\frac{3}{2}}+c_j$$

又

$$p_j(q)=\frac{a_j-v_0}{b}+\frac{\sigma_0}{2b}(2q_0-1)(q_0-q_0^2)^{-\frac{1}{2}}-\frac{\sigma_j}{2b}(2q_j-1)(q_j-q_j^2)^{-\frac{1}{2}}$$

$$=\frac{a_j-v_0}{b}+\frac{\sigma_0}{2b}\left(1-2\sum_{j\in J}q_j\right)\left[\sum_{j\in J}q_j-\left(\sum_{j\in J}q_j\right)^2\right]^{-\frac{1}{2}}-$$

$$\frac{\sigma_j}{2b}(2q_j-1)(q_j-q_j^2)^{-\frac{1}{2}}$$

因此

$$\frac{\sigma_0}{4b}\left[\sum_{j\in J}q_j-\left(\sum_{j\in J}q_j\right)^2\right]^{-\frac{3}{2}}\sum_{j\in J}q_j+\frac{\sigma_j}{4b}q_j(q_j-q_j^2)^{-\frac{3}{2}}+c_j=$$

$$\frac{a_j-v_0}{b}+\frac{\sigma_0}{2b}\left(1-2\sum_{j\in J}q_j\right)\left[\sum_{j\in J}q_j-\left(\sum_{j\in J}q_j\right)^2\right]^{-\frac{1}{2}}-$$

$$\frac{\sigma_j}{2b}(2q_j-1)(q_j-q_j^2)^{-\frac{1}{2}}$$

整理为

$$\frac{\sigma_0}{4b}\left[\sum_{j\in J}q_j-\left(\sum_{j\in J}q_j\right)^2\right]^{-\frac{3}{2}}\left[-\sum_{j\in J}q_j+6\left(\sum_{j\in J}q_j\right)^2-4\left(\sum_{j\in J}q_j\right)^3\right]+$$

$$\frac{\sigma_j}{4b}(q_j-q_j^2)^{-\frac{3}{2}}(-q_j+6q_j^2-4q_j^3)=\frac{a_j-v_0}{b}-c_j$$

因此最优价格和最优市场份额可以通过方程(4.25)求得。

定理 4.2 给出了最优价格和最优市场份额的求解方程。通过这个定理可以发现，最优价格和最优市场份额（选择概率）与产品的质量、生产成本、价格敏感性参数、新产品和竞争产品的效用方差、竞争产品的确定性效用以及其他新产品的市场份额有关。因此，在做出利润最大化的决策时，必须综合考虑以上因素。由于产品质量是在生产阶段形成的，所以在产品线设计问题中，公司对产品的质量控制能力是不可忽视的。

推论 4.2：当垄断公司只开发一个新产品时，最优价格 p 和最优市场份额 q 可以通过下面的隐式方程求得：

$$\begin{cases} p=\dfrac{a-v_0-bc}{b}\cdot\dfrac{(a-bp-\lambda)^2+\sigma^2}{(a-bp-\lambda)\sqrt{(a-bp-\lambda)^2+\sigma^2}+\sigma^2}+c \\ q=\dfrac{1}{2}\left(1+\dfrac{a-bp-\lambda}{\sqrt{(a-bp-\lambda)^2+\sigma^2}}\right) \end{cases} \tag{4.26}$$

其中，$\lambda=\dfrac{v_0\sigma+(a-bp)\sigma_0}{\sigma+\sigma_0}$。

证明：当公司只开发一个产品时，

$$\begin{aligned} p(q) &= \frac{\sigma_0}{4b}\Big[\sum_{j\in J}q_j-\Big(\sum_{j\in J}q_j\Big)^2\Big]^{-\frac{3}{2}}\sum_{j\in J}q_j+\frac{\sigma_j}{4b}q_j(q_j-q_j^2)^{-\frac{3}{2}}+c_j \\ &= \frac{\sigma_0+\sigma}{4b}q(q-q^2)^{-\frac{3}{2}}+c \end{aligned}$$

因为

$$\frac{\sigma_0}{4b}\Big[\sum_{j\in J}q_j-\Big(\sum_{j\in J}q_j\Big)^2\Big]^{-\frac{3}{2}}\Big[-\sum_{j\in J}q_j+6\Big(\sum_{j\in J}q_j\Big)^2-4\Big(\sum_{j\in J}q_j\Big)^3\Big]+$$

$$\frac{\sigma_j}{4b}(q_j-q_j^2)^{-\frac{3}{2}}(-q_j+6q_j^2-4q_j^3)=\frac{a_j-v_0}{b}-c_j$$

则

$$\frac{\sigma_0}{4b}(q-q^2)^{-\frac{3}{2}}\cdot(-q+6q^2-4q^3)+\frac{\sigma}{4b}(q-q^2)^{-\frac{3}{2}}\cdot(-q+6q^2-4q^3)=\frac{a-v_0}{b}-c$$

即

$$\frac{\sigma_0+\sigma}{4b}q(q-q^2)^{-\frac{3}{2}}\cdot(-1+6q-4q^2)=\frac{a-v_0}{b}-c$$

又$-1+6q-4q^2=-(2q-1)^2+(2q-1)+1$，且

$$2q-1=\frac{v-\lambda}{\sqrt{(v-\lambda)^2+\sigma^2}}=\frac{a-bp-\lambda}{\sqrt{(a-bp-\lambda)^2+\sigma^2}}$$

则

$$-1+6q-4q^2=\frac{a-bp-\lambda}{\sqrt{(a-bp-\lambda)^2+\sigma^2}}+\frac{\sigma^2}{(a-bp-\lambda)^2+\sigma^2}$$

又 $q+q_0=1$，则

$$\frac{1}{2}\left(1+\frac{v_0-\lambda}{\sqrt{(v_0-\lambda)^2+\sigma_0^2}}\right)+\frac{1}{2}\left(1+\frac{v-\lambda}{\sqrt{(v-\lambda)^2+\sigma^2}}\right)=1$$

即

$$\frac{v_0-\lambda}{\sqrt{(v_0-\lambda)^2+\sigma_0^2}}=-\frac{v-\lambda}{\sqrt{(v-\lambda)^2+\sigma^2}}$$

因此 $\lambda=\frac{v_0\sigma+(a-bp)\sigma_0}{\sigma+\sigma_0}$，所以最优价格和市场份额为

$$p=\frac{a-v_0-bc}{b}\cdot\frac{(a-bp-\lambda)^2+\sigma^2}{(a-bp-\lambda)\sqrt{(a-bp-\lambda)^2+\sigma^2}+\sigma^2}+c$$

$$q=\frac{1}{2}\cdot\left(1+\frac{a-bp-\lambda}{\sqrt{(a-bp-\lambda)^2+\sigma^2}}\right)$$

4.3 寡头市场中的产品线定价模型

当产品被许多利润最大化的寡头公司拥有时，这些公司之间存在着竞争，因此产品的价格和生产数量的决定对公司而言是至关重要的。本节在寡头市场中建立了产品线定价模型，证明利润函数关于市场份额是凹函数，并获得

Cournot 竞争和 Bertrand 竞争下的最优价格和最优市场份额。

4.3.1 利润函数的凹性

假设市场中共有 J_n 个产品，产品根据特征被分为 $K \geqslant 1$ 组。令 $M_k(k=1, \cdots, K)$ 表示属于分支 k 的产品的数目，则 $\sum_{k=1}^{K} M_k = J_n$。基于 MMM 建立一个寡头模型，其中每个分支对应竞争公司之一提供的一组产品。定义 q_{kj} 为在公司 k 中产品 $j(j=1, \cdots, M_k)$ 的选择概率，定义市场份额向量为 $\bar{q}=(q_0, q_{11}, q_{12}, \cdots, q_{1M_1}, \cdots, q_{KM_K})$。令 $\Gamma_k(\bar{q})$ 表示公司 k 的利润函数，$R_k(\bar{q})$ 表示公司 k 的收益，$C_k(\bar{q})$ 表示公司 k 的成本。假设价格敏感性系数 b_k 仅与公司有关。每个公司的目标是最大化利润，这个问题被描述为

$$\max \Gamma_k(\bar{q})$$

$$\text{s.t.} \sum_{k=1}^{K} \sum_{j=1}^{M_k} q_{kj} + q_0 = 1 \tag{4.27}$$

其中，$\Gamma_k(\bar{q}) = R_k(\bar{q}) - C_k(\bar{q}) = \sum_{j=1}^{M_k} p_{kj}(\bar{q}) q_{kj} - \sum_{j=1}^{M_k} c_{kj} q_{kj}$。

类似于 4.2.3.1 节，因为 $C_k(\bar{q})$ 关于 $\bar{q}$ 是线性的，为了证明利润函数 $\Gamma_k(\bar{q})$ 是凹函数，仅需证明收益函数 $R(\bar{q})$ 是凹函数。收益函数 $R(\bar{q})$ 被表示为

$$\begin{aligned} R_k(\bar{q}) &= \sum_{j=1}^{M_k} p_{kj}(\bar{q}) q_{kj} \\ &= \sum_{j=1}^{M_k} \left[\frac{a_{kj} - v_0}{b_{kj}} q_{kj} + \frac{(2q_0 - 1)\sigma_0}{2b_{kj}} q_{kj} (q_0 - q_0^2)^{-\frac{1}{2}} - \right. \\ &\quad \left. \frac{q_{kj}(2q_{kj} - 1)\sigma_{kj}}{2b_{kj}} (q_{kj} - q_{kj}^2)^{-\frac{1}{2}} \right] \end{aligned} \tag{4.28}$$

为了证明 $R(\bar{q})$ 是凹函数，仅需证明 $R(\bar{q})$ 的海塞矩阵是半负定的，这个证明类似于定理 4.1 的证明。

定理 4.3：当顾客对产品的价格敏感性系数仅与公司有关时，基于MMM的利润函数 $\Gamma_k(\bar{q})$ 在寡头市场下关于市场份额是凹函数。

证明：式(4.28)中 $R_k(\bar{q})$ 右边的第一部分关于 $\bar{q}$ 是线性的，第三部分与垄断市场中的证明是类似的，令

$$t_k(\bar{q}) = \sum_{j=1}^{M_k} \frac{-q_{kj}(2q_{kj}-1)\sigma_{kj}}{2b_k}(q_{kj}-q_{kj}^2)^{-\frac{1}{2}}$$

则

$$\frac{\partial t_k(\bar{q})}{\partial q_{kj}} = \frac{\sigma_{kj}}{2b_k}(1-4q_{kj})(q_{kj}-q_{kj}^2)^{-\frac{1}{2}} - \frac{\sigma_{kj}}{4b_k}(q_{kj}-4q_{kj}^2+4q_{kj}^3)(q_{kj}-q_{kj}^2)^{-\frac{3}{2}}$$

$$\frac{\partial^2 t_k(\bar{q})}{\partial q_{kj}^2} = \frac{\sigma_{kj}}{8b_k}(q_{kj}-q_{kj}^2)^{-\frac{5}{2}}(-q_{kj}-2q_{kj}^2) \leqslant 0$$

对于第二部分，令

$$w_k(\bar{q}) = \sum_{j=1}^{M_k} \frac{(2q_0-1)\sigma_0}{2b_k} q_{kj}(q_0-q_0^2)^{-\frac{1}{2}} = \frac{\sigma_0}{2}(2q_0-1)(q_0-q_0^2)^{-\frac{1}{2}} \sum_{j=1}^{M_k} \frac{q_{kj}}{b_k}$$

且 $q_0 = 1 - \sum_{k=1}^{K}\sum_{j=1}^{M_k} q_{kj}$，则

$$\frac{\partial w_k(\bar{q})}{\partial q_{kj}} = (q_0-q_0^2)^{-\frac{3}{2}}\left[-\frac{\sigma_0}{4}\sum_{j=1}^{M_k}\frac{q_{kj}}{b_k} + \frac{\sigma_0}{2b_k}(-q_0+3q_0^2-2q_0^3)\right]$$

$$\begin{aligned}\frac{\partial^2 w_k(\bar{q})}{\partial q_{kj}^2} &= (q_0-q_0^2)^{-\frac{5}{2}}\left[\frac{3\sigma_0}{8}(2q_0-1)\sum_{j=1}^{M_k}\frac{q_{kj}}{b_k} - \frac{\sigma_0}{2b_k}(q_0-q_0^2)\right] \\ &= \left[\sum_{k=1}^{K}\sum_{j=1}^{M_k} q_{kj} - \left(\sum_{k=1}^{K}\sum_{j=1}^{M_k} q_{kj}\right)^2\right]^{-\frac{5}{2}} \left\{\frac{3\sigma_0}{8}\left(1-2\sum_{k=1}^{K}\sum_{j=1}^{M_k} q_{kj}\right)\sum_{j=1}^{M_k}\frac{q_{kj}}{b_k} \right. \\ &\quad \left. - \frac{\sigma_0}{2b_k}\left[\sum_{k=1}^{K}\sum_{j=1}^{M_k} q_{kj} - \left(\sum_{k=1}^{K}\sum_{j=1}^{M_k} q_{kj}\right)^2\right]\right\}\end{aligned}$$

令 $\sum_{k=1}^{K}\sum_{j=1}^{M_k} q_{kj} = t$，$\sum_{j=1}^{M_k} q_{kj} = Q_k$，$t = \sum_{k=1}^{K} Q_k$，且 $Q_k \leqslant t \in [0, 1]$，上式右边花括号中变为：

$$\frac{3\sigma_0}{8}(1-2t)\frac{Q_k}{b_k}-\frac{\sigma_0}{2b_k}(t-t^2)=\frac{\sigma_0}{8b_k}\left[4\left(t-\frac{3Q_k+2}{4}\right)^2-\frac{9Q_k^2+4}{4}\right]$$

因为 t 和$\frac{3Q_k+2}{4}$都是正的，如果$\left|t-\frac{3Q_k+2}{4}\right|$取最大值有两种情况：

(1) t 取最小值，$\frac{3Q_k+2}{4}$取最大值。当 t 最小且 $t=0$ 时，因为 $Q_k\leqslant t$，所以 $Q_k=0$，这不满足存在一个最大值的情况。

(2) t 取最大值，$\frac{3Q_k+2}{4}$取最小值。当 t 最大且 $t=1$ 时，Q_k 最小且 $Q_k=0$，则 $4\left(t-\frac{3Q_k+2}{4}\right)^2$ 最大且 $Q_k=0$，所以$\frac{9Q_k^2+4}{4}$最小。

然后，当$\frac{\sigma_0}{8b_k}\left[4\left(1-\frac{1}{2}\right)^2-1\right]=0$ 时，$\frac{\sigma_0}{8b_k}\left[4\left(t-\frac{3Q_k+2}{4}\right)^2-\frac{9Q_k^2+4}{4}\right]$有最大值。因此

$$\left[\sum_{k=1}^{K}\sum_{j=1}^{M_k}q_{kj}-\left(\sum_{k=1}^{K}\sum_{j=1}^{M_k}q_{kj}\right)^2\right]^{-\frac{5}{2}}\left\{\frac{3\sigma_0}{8}\left(1-2\sum_{k=1}^{K}\sum_{j=1}^{M_k}q_{kj}\right)\sum_{k=1}^{M_k}\frac{q_{kj}}{b_k}\right.$$
$$\left.-\frac{\sigma_0}{2b_k}\left[\sum_{k=1}^{K}\sum_{j=1}^{M_k}q_{kj}-\left(\sum_{k=1}^{K}\sum_{j=1}^{M_k}q_{kj}\right)^2\right]\right\}\leqslant 0$$

证明的其余部分与引理 4.1 是类似的，因此 $R_k(\bar{q})$ 的海塞矩阵是半负定的，$R_k(\bar{q})$ 是凹函数。又由于 $C_k(\bar{q})$ 关于$\bar{q}$是线性的，所以利润函数$\Gamma(\bar{q})$是凹函数。

定理 4.1 和定理 4.3 是类似的，它们都证明当价格敏感性系数仅与公司有关时，利润函数关于市场份额是凹函数。为了获得最优价格和最优市场份额，仅需求解利润函数的一阶导数。下面将分别研究 Cournot 竞争和 Bertrand 竞争。

4.3.2 Cournot 竞争

在 Cournot 竞争（即数量竞争）中，公司之间通过产品的数量进行竞争。

每个公司决定产品的生产数量，均衡价格通过逆需求函数获得[61]。假设每个公司仅开发一个新产品，目标是利润最大化。令 q_k 表示公司 k 中产品的市场份额，p_k 表示公司 k 中产品的价格。市场份额向量 $q=(q_0, q_1, q_2, \cdots, q_{J_n})$，与4.2.2节中是一致的。利润函数被定义为

$$\Gamma_k(q)=R_k(q)-C_k(q) \tag{4.29}$$

其中，$R_k(q)=p_k(q)\cdot q_k$，$C_k(q)=c_k q_k$。公司 k 通过优化市场份额 q 的策略获得最优利润。

根据式(4.23)，价格 p_k 关于市场份额 q_k 的映射为

$$\begin{aligned} p_k(q) &= \frac{1}{b_k}\left[a_k - v_0 + \frac{(2q_0 - 1)\sigma_0}{2}(q_0 - q_0^2)^{-\frac{1}{2}} - \frac{(2q_k - 1)\sigma_k}{2}(q_k - q_k^2)^{-\frac{1}{2}}\right] \\ &= \frac{a_k - v_0}{b_k} + \frac{\sigma_0}{2b_k}\left(1 - 2\sum_{k=1}^{K} q_k\right)\left[\sum_{k=1}^{K} q_k - \left(\sum_{k=1}^{K} q_k\right)^2\right]^{-\frac{1}{2}} - \\ &\quad \frac{\sigma_k}{2b_k}(2q_k - 1)(q_k - q_k^2)^{-\frac{1}{2}} \end{aligned} \tag{4.30}$$

因为上一小节已经证明利润函数和收益函数关于市场份额都是凹函数，为了获得最优市场份额和最优价格以获得最大利润，可以对利润函数进行求导。因为

$$\frac{\partial R_k(q)}{\partial q_k}=p_k(q)+\frac{\partial p_k(q)}{\partial q_k}q_k,\quad \frac{\partial C_k(q)}{\partial q_k}=c_k \tag{4.31}$$

把式(4.31)代入$\frac{\partial \Gamma_k(q)}{\partial q_k}=\frac{\partial R_k(q)}{\partial q_k}-\frac{\partial C_k(q)}{\partial q_k}=0$后，可以获得最优解。不失一般性，定理4.4仅获得了每个公司仅开发一个产品时的结论，开发多个产品时的结论与此类似。

定理4.4：在Cournot竞争下，假设每个公司仅开发一个产品，基于MMM的产品线定价模型的最优市场份额和最优价格能通过方程(4.32)分别求得：

$$\begin{cases}\dfrac{\sigma_0}{4b_k}\Big[\sum_{k=1}^{K}q_k-\Big(\sum_{k=1}^{K}q_k\Big)^2\Big]^{-\frac{3}{2}}\cdot\Big[-4\Big(\sum_{k=1}^{K}q_k\Big)^3+6\Big(\sum_{k=1}^{K}q_k\Big)^2-2\sum_{k=1}^{K}q_k+q_k\Big]+\\ \dfrac{\sigma_k}{4b_k}(q_k-q_k^2)^{-\frac{3}{2}}\cdot(-4q_k^3+6q_k^2-q_k)=\dfrac{a_k-v_0}{b_k}-c_k\\ p_k=\dfrac{\sigma_0}{4b_k}\Big[\sum_{k=1}^{K}q_k-\Big(\sum_{k=1}^{K}q_k\Big)^2\Big]^{-\frac{3}{2}}\cdot q_k+\dfrac{\sigma_k}{4b_k}q_k(q_k-q_k^2)^{-\frac{3}{2}}+c_k\end{cases} \tag{4.32}$$

证明：因为 $R_k(q)=p_k(q)q_k$，$\Gamma_k(q)=R_k(q)-C_k(q)=p_k(q)q_k-c_kq_k$，则

$$\frac{\partial R_k(q)}{\partial q_k}=p_k(q)+\frac{\partial p_k(q)}{\partial q_k}q_k$$

又

$$p_k(q)=\frac{a_k-v_0}{b_k}+\frac{\sigma_0}{2b_k}\Big(1-2\sum_{k=1}^{K}q_k\Big)\Big[\sum_{k=1}^{K}q_k-\Big(\sum_{k=1}^{K}q_k\Big)^2\Big]^{-\frac{1}{2}}-\frac{\sigma_k}{2b_k}(2q_k-1)(q_k-q_k^2)^{-\frac{1}{2}}$$

则

$$\frac{\partial p_k(q)}{\partial q_k}=-\frac{\sigma_0}{b_k}\Big[\sum_{k=1}^{K}q_k-\Big(\sum_{k=1}^{K}q_k\Big)^2\Big]^{-\frac{1}{2}}-\frac{\sigma_0}{4b_k}\Big(1-2\sum_{k=1}^{K}q_k\Big)^2\cdot\Big[\sum_{k=1}^{K}q_k-\Big(\sum_{k=1}^{K}q_k\Big)^2\Big]^{-\frac{3}{2}}-\frac{\sigma_k}{2b_k}\Big[2(q_k-q_k^2)^{-\frac{1}{2}}+\frac{1}{2}(1-2q_k)^2(q_k-q_k^2)^{-\frac{3}{2}}\Big]$$

且

$$\frac{\partial p_k(q)}{\partial q_k}q_k=-\frac{\sigma_0}{b_k}\Big[\sum_{k=1}^{K}q_k-\Big(\sum_{k=1}^{K}q_k\Big)^2\Big]^{-\frac{1}{2}}q_k-\frac{\sigma_0}{4b_k}\Big(1-2\sum_{k=1}^{K}q_k\Big)^2\cdot\Big[\sum_{k=1}^{K}q_k-\Big(\sum_{k=1}^{K}q_k\Big)^2\Big]^{-\frac{3}{2}}q_k-\frac{\sigma_k}{b_k}q_k(q_k-q_k^2)^{-\frac{1}{2}}-\frac{\sigma_k}{4b_k}(1-2q_k)^2q_k(q_k-q_k^2)^{-\frac{3}{2}}$$

所以

$$\frac{\partial R_k(q)}{\partial q_k}=p_k-\frac{\sigma_0}{b_k}\left[\sum_{k=1}^{K}q_k-\left(\sum_{k=1}^{K}q_k\right)^2\right]^{-\frac{1}{2}}q_k-\frac{\sigma_0}{4b_k}q_k\left(1-2\sum_{k=1}^{K}q_k\right)^2\cdot$$

$$\left[\sum_{k=1}^{K}q_k-\left(\sum_{k=1}^{K}q_k\right)^2\right]^{-\frac{3}{2}}-\frac{\sigma_k}{b_k}q_k(q_k-q_k^2)^{-\frac{1}{2}}-$$

$$\frac{\sigma_k}{4b_k}q_k(1-2q_k)^2(q_k-q_k^2)^{-\frac{3}{2}}$$

$$=p_k-\left[\sum_{k=1}^{K}q_k-\left(\sum_{k=1}^{K}q_k\right)^2\right]^{-\frac{3}{2}}\frac{\sigma_0}{4b_k}q_k-\frac{\sigma_k}{4b_k}q_k(q_k-q_k^2)^{-\frac{3}{2}}$$

因为$\frac{\partial\Gamma_k(q)}{\partial q_k}=\frac{\partial R_k(q)}{\partial q_k}-\frac{\partial C_k(q)}{\partial q_k}=0$，则

$$p_k(q)=\frac{\sigma_0}{4b_k}\left[\sum_{k=1}^{K}q_k-\left(\sum_{k=1}^{K}q_k\right)^2\right]^{-\frac{3}{2}}q_k+\frac{\sigma_k}{4b_k}q_k(q_k-q_k^2)^{-\frac{3}{2}}+c_k$$

所以

$$\frac{\sigma_0}{4b_k}\left[\sum_{k=1}^{K}q_k-\left(\sum_{k=1}^{K}q_k\right)^2\right]^{-\frac{3}{2}}q_k+\frac{\sigma_k}{4b_k}q_k(q_k-q_k^2)^{-\frac{3}{2}}+c_k=$$

$$\frac{a_k-V_0}{b_k}+\frac{\sigma_0}{2b_k}\left(1-2\sum_{k=1}^{K}q_k\right)\left[\sum_{k=1}^{K}q_k-\left(\sum_{k=1}^{K}q_k\right)^2\right]^{-\frac{1}{2}}-$$

$$\frac{\sigma_k}{2b_k}(2q_k-1)(q_k-q_k^2)^{-\frac{1}{2}}$$

整理得

$$\frac{\sigma_0}{4b_k}(q_0-q_0^2)^{-\frac{3}{2}}(q_k+4q_0^3-6q_0^2+2q_0)+\frac{\sigma_k}{4b_k}(q_k-q_k^2)^{-\frac{3}{2}}(-4q_k^3+6q_k^2-q_k)=\frac{a_k-v_0}{b_k}-c_k$$

因此最优市场份额和最优价格可以通过方程(4.32)分别求解。

定理4.4表明最优市场份额能通过方程(4.32)中第一个方程求得，然后将市场份额代入第二个方程求得最优价格，这与Cournot竞争的思想是一致的。由定理4.4可知，最优价格或市场份额不仅与本产品的属性有关，还与竞争产品的属性有关。因此，公司应该了解竞争公司及其产品，以及

这些产品的属性水平、生产流程和成本结构，因为这些因素会影响产品线优化的结果。

4.3.3 Bertrand 竞争

在 Bertrand 竞争（价格竞争）中，公司之间通过价格竞争获得最大利润。每个公司决定自己产品的价格[61]，均衡数量通过价格函数获得。不失一般性，假设每个公司仅开发一个新产品，用 p_k 表示属于公司 k 中产品的价格，价格向量 $p=(p_1, p_2, \cdots, p_{J_n})$，与 4.2.2 节是一致的。利润函数被定义为

$$\Gamma_k(p)=R_k(p)-C_k(p) \tag{4.33}$$

其中，$R_k(p)=p_k \cdot q_k(p)$，$C_k(p)=c_k \cdot q_k(p)$，为了最大化利润，公司 k 决定价格 p_k。

根据式(4.20)，市场份额关于价格的映射被描述为

$$q_k(p)=\frac{1}{2}\left(1+\frac{a_k-b_k p_k-\lambda}{\sqrt{(a_k-b_k p_k-\lambda)^2+\sigma_k^2}}\right) \tag{4.34}$$

在寡头竞争下，最优解能通过求式(4.33)的导数获得。因为

$$\Gamma_k(p)=R_k(p)-C_k(p)=(p_k-c_k)q_k(p) \tag{4.35}$$

且

$$\frac{\partial \Gamma_k(p)}{\partial p_k}=q_k(p)+(p_k-c_k)\frac{\partial q_k(p)}{\partial p_k}=0 \tag{4.36}$$

式(4.36)的解就是最优解。

定理 4.5：在 Bertrand 竞争下，假设每个公司仅开发一个新产品，当价格敏感性系数仅与公司有关时，基于 MMM 的产品线定价模型的最优价格和最优市场份额能通过方程(4.37)求得：

$$\begin{cases} q_k = \dfrac{\sigma_k^2}{2} b_k(p_k - c_k)[(a_k - b_k p_k - \lambda)^2 + \sigma_k^2]^{-\frac{3}{2}} \\ \dfrac{1}{2}[(a_k - b_k p_k - \lambda)^2 + \sigma_k^2]^{-\frac{3}{2}}\{(a_k - b_k p_k - \lambda)\cdot \\ [(a_k - b_k p_k - \lambda)^2 + \sigma_k^2] - \sigma_k^2 b_k(p_k - c_k)\} + \dfrac{1}{2} = 0 \\ \sum\limits_{k=1}^{K} q_k + \dfrac{1}{2}\left(1 + \dfrac{v_0 - \lambda}{\sqrt{(v_0 - \lambda)^2 + \sigma_0^2}}\right) = 1 \end{cases} \tag{4.37}$$

证明：因为 $\Gamma_k(p) = R_k(p) - C_k(p) = (p_k - c_k) q_k(p)$，则

$$\frac{\partial \Gamma_k(p)}{\partial p_k} = q_k(p) + (p_k - c_k)\frac{\partial q_k(p)}{\partial p_k}$$

又

$$q_k(p) = \frac{1}{2}\left(1 + \frac{a_k - b_k p_k - \lambda}{\sqrt{(a_k - b_k p_k - \lambda)^2 + \sigma_k^2}}\right)$$

$$= \frac{1}{2} + \frac{1}{2}(a_k - b_k p_k - \lambda)[(a_k - b_k p_k - \lambda)^2 + \sigma_k^2]^{-\frac{1}{2}}$$

则

$$\frac{\partial q_k(p)}{\partial p_k} = -\frac{\sigma_k^2}{2} b_k[(a_k - b_k p_k - \lambda)^2 + \sigma_k^2]^{-\frac{3}{2}}$$

所以

$$\frac{\partial \Gamma_k(p)}{\partial p_k} = q_k + (p_k - c_k)\left(-\frac{\sigma_k^2}{2}\right) b_k[(a_k - b_k p_k - \lambda)^2 + \sigma_k^2]^{-\frac{3}{2}}$$

令 $\dfrac{\partial \Gamma_k(p)}{\partial p_k} = 0$，则

$$q_k = \frac{\sigma_k^2}{2} b_k(p_k - c_k)[(a_k - b_k p_k - \lambda)^2 + \sigma_k^2]^{-\frac{3}{2}}$$

且

$$\frac{1}{2} + \frac{1}{2}(a_k - b_k p_k - \lambda)[(a_k - b_k p_k - \lambda)^2 + \sigma_k^2]^{-\frac{1}{2}} =$$

$$\frac{\sigma_k^2}{2}b_k(p_k-c_k)[(a_k-b_kp_k-\lambda)^2+\sigma_k^2]^{-\frac{3}{2}}$$

整理得

$$\frac{1}{2}[(a_k-b_kp_k-\lambda)^2+\sigma_k^2]^{-\frac{3}{2}}\{(a_k-b_kp_k-\lambda)[(a_k-b_kp_k-\lambda)^2+\sigma_k^2]-$$

$$\sigma_k^2b_k(p_k-c_k)\}+\frac{1}{2}=0$$

且 $q_0=\frac{1}{2}\left(1+\frac{v_0-\lambda}{\sqrt{(v_0-\lambda)^2+\sigma_0^2}}\right)$。

因此最优价格和最优市场份额能通过方程(4.37)求解。

在 Bertrand 竞争中，新产品和竞争产品的属性可能会影响均衡状态，包括产品质量、开发成本、价格敏感性参数、效用的方差和竞争产品的确定性效用。产品线设计的最优决策可能影响后续决策，如供应商选择、供应链配置和生产过程的选择等。下面的命题展示了最优解随着产品属性的变化而变化的趋势。

命题 4.2：在垄断或者 Cournot 竞争下，随着产品质量的增加，市场份额逐渐增大，价格先减小后增大；随着价格敏感性系数增加，市场份额和价格都逐渐减小。

证明：首先分析市场份额 q_j 关于质量 a_j 的改变。在定理 4.2 的式(4.25)中，令

$$y=\frac{\sigma_0}{4b}\Big[\sum_{j\in J}q_j-\Big(\sum_{j\in J}q_j\Big)^2\Big]^{-\frac{3}{2}}\cdot\Big[-\sum_{j\in J}q_j+6\Big(\sum_{j\in J}q_j\Big)^2-4\Big(\sum_{j\in J}q_j\Big)^3\Big]+$$

$$\frac{\sigma_j}{4b}(q_j-q_j^2)^{-\frac{3}{2}}\cdot(-q_j+6q_j^2-4q_j^3)$$

求解 y 关于市场份额 q_j 的一阶导数，

$$\frac{\partial y}{\partial q_j}=\frac{\sigma_0}{4b}\Big[\sum_{j\in J}q_j-\Big(\sum_{j\in J}q_j\Big)^2\Big]^{-\frac{5}{2}}\Big[\frac{1}{2}\sum_{j\in J}q_j+\Big(\sum_{j\in J}q_j\Big)^2\Big]+$$

$$\frac{\sigma_j}{4b}(q_j-q_j^2)^{-\frac{5}{2}}\Big(\frac{1}{2}q_j+q_j^2\Big)\geqslant 0$$

所以 y 关于市场份额 q_j 是递增函数。因为 $y=\frac{a_j-v_0}{b}-c_j$，其中，b、v_0、c_j 是常数，且 $b>0$，质量 a_j 关于市场份额 q_j 是递增函数。增函数的反函数仍是增函数，因此 q_j 关于 a_j 也是增函数。

然后分析 p_j 关于 q_j 的改变。

$$\frac{\partial p_j}{\partial q_j}=\frac{\sigma_0}{4b}\Big[\sum_{j\in J}q_j-\Big(\sum_{j\in J}q_j\Big)^2\Big]^{-\frac{5}{2}}\Big[-\frac{1}{2}\sum_{j\in J}q_j+2\Big(\sum_{j\in J}q_j\Big)^2\Big]+$$

$$\frac{\sigma_j}{4b}(q_j-q_j^2)^{-\frac{5}{2}}\Big(-\frac{1}{2}q_j+2q_j^2\Big)$$

$$\frac{\partial^2 p_j}{\partial q_j^2}=\frac{\sigma_0}{4b}\Big[\sum_{j\in J}q_j-\Big(\sum_{j\in J}q_j\Big)^2\Big]^{-\frac{7}{2}}\cdot\Big[\frac{3}{4}\sum_{j\in J}q_j-3\Big(\sum_{j\in J}q_j\Big)^2+6\Big(\sum_{j\in J}q_j\Big)^3\Big]+$$

$$\frac{\sigma_j}{4b}(q_j-q_j^2)^{-\frac{7}{2}}\Big(\frac{3}{4}q_j-3q_j^2+6q_j^3\Big)\geqslant 0$$

所以 p_j 关于 q_j 是凸函数，随着 q_j 的增大，p_j 关于 $q_j(q_j\in(0,\ 1))$的一阶导数先是负的后是正的。随着 q_j 的增大，p_j 先是下降的，后是递增的。且 q_j 关于 a_j 是增函数，因此随着 a_j 的增大，p_j 先下降后递增。

在 Cournot 竞争中，最优解随质量变化的证明类似于垄断情形。在垄断或者 Cournot 竞争下，市场份额随着价格敏感系数的变化的证明也与上面的证明类似。

在垄断中价格随着价格敏感系数的变化的证明如下：

因为

$$p_j=\frac{\sigma_0}{4b}\Big[\sum_{j\in J}q_j-\Big(\sum_{j\in J}q_j\Big)^2\Big]^{-\frac{3}{2}}\sum_{j\in J}q_j+\frac{\sigma_j}{4b}q_j(q_j-q_j^2)^{-\frac{3}{2}}+c_j$$

令 $t=\sum_{j\in J}q_j$，则 $0\leqslant t\leqslant 1$。因此

$$\frac{\partial p_j}{\partial b}=\frac{\sigma_0}{4b^2}(t-t^2)^{-\frac{5}{2}}\Big[-t^2+t^3+b\sum_{j\in J}\frac{\partial q_j}{\partial b}\Big(2t^2-\frac{1}{2}t\Big)\Big]+$$

$$\frac{\sigma_j}{4b^2}(q_j-q_j^2)^{-\frac{5}{2}}\Big[-q_j^2+q_j^3+b\frac{\partial q_j}{\partial b}\Big(2q_j^2-\frac{1}{2}q_j\Big)\Big]$$

令 $x=\sum_{j\in J}\frac{\partial q_j}{\partial b}$，则

$$\frac{\partial p_j}{\partial b}=\frac{\sigma_0}{4b^2}(t-t^2)^{-\frac{5}{2}}t\left[\left(t+\frac{2bx-1}{2}\right)^2-\frac{\left(2bx-\frac{1}{2}\right)^2+\frac{3}{4}}{4}\right]+$$

$$\frac{\sigma_j}{4b^2}(q_j-q_j^2)^{-\frac{5}{2}}q_j\left[\left(q_j+\frac{2bx-1}{2}\right)^2-\frac{\left(2bx-\frac{1}{2}\right)^2+\frac{3}{4}}{4}\right]$$

令

$$y=\left(t+\frac{2bx-1}{2}\right)^2-\frac{\left(2bx-\frac{1}{2}\right)^2+\frac{3}{4}}{4}$$

当 $t=0$，$t=1$，$t=-\frac{2bx-1}{2}$时，y 有最优值。

当 $t=0$ 时，$\frac{\sigma_0}{4b^2}(t-t^2)^{-\frac{5}{2}}t\left[\left(t+\frac{2bx-1}{2}\right)^2-\frac{\left(2bx-\frac{1}{2}\right)^2+\frac{3}{4}}{4}\right]=0$；

当 $t=1$ 时，$\frac{\sigma_0}{4b^2}(t-t^2)^{-\frac{5}{2}}t\left[\left(t+\frac{2bx-1}{2}\right)^2-\frac{\left(2bx-\frac{1}{2}\right)^2+\frac{3}{4}}{4}\right]\leqslant 0$；

当 $t=-\frac{2bx-1}{2}$时，$\frac{\sigma_0}{4b^2}(t-t^2)^{-\frac{5}{2}}t\left[\left(t+\frac{2bx-1}{2}\right)^2-\frac{\left(2bx-\frac{1}{2}\right)^2+\frac{3}{4}}{4}\right]\leqslant 0$。

因此

$$\frac{\sigma_0}{4b^2}(t-t^2)^{-\frac{5}{2}}t\left[\left(t+\frac{2bx-1}{2}\right)^2-\frac{\left(2bx-\frac{1}{2}\right)^2+\frac{3}{4}}{4}\right]\leqslant 0$$

类似地，

$$\frac{\sigma_j}{4b^2}(q_j-q_j^2)^{-\frac{5}{2}}q_j\left[\left(q_j+\frac{2bx-1}{2}\right)^2-\frac{\left(2bx-\frac{1}{2}\right)^2+\frac{3}{4}}{4}\right]\leqslant 0$$

所以$\frac{\partial p_j}{\partial b} \leqslant 0$，因此在垄断市场中，随着价格敏感系数的增加，价格是下降的。

在 Cournot 竞争下，价格关于价格敏感性系数变化的证明也与垄断情况是类似的。

从命题 4.2 可以发现，在垄断或寡头竞争的市场中，公司可以通过提高产品质量来实现利润或市场份额的最大化。在制定决策之前，了解顾客的价格敏感性也很重要。如果顾客的价格敏感性较小，公司可以通过提高价格来获得最大利润；相反，价格应该降低。通过下面的实验，可以进一步观察最优解随着各个参数的变化而变化的情况。

4.4 数值实验和分析

本节首先通过数值实验对几个常用的选择模型和 MMM 进行对比，然后在垄断市场和寡头市场下，比较了基于 MMM 和 MNL 模型的产品线模型的最优利润、价格和市场份额，进一步探索了 MMM 的适用性。

4.4.1 选择概率的比较

首先，通过一个简单的算例对几个常用的选择模型进行比较，包括 MNL 模型、MNP 模型和 MMM。使用 MNP 模型时，选择概率是通过频率仿真(Frequency Simulator)方法[247]进行模拟的。假设一家公司开发七个新产品。第一个例子假设每个产品的效用方差相同，都是 1，而均值为 $v_1=1$，$v_2=1.2$，$v_3=1.4$，$v_4=1.6$，$v_5=1.8$，$v_6=2$，$v_7=2.2$。图 4-1(a)给出了基于三个选择模型得到的选择概率。通过图 4-1(a)发现，虽然这些结果在不同的假设条件下获得，但是都非常相似，MNL 模型和 MMM 的结果更加相近。第二个例子预测带有不同效用方差的选择概率，效用均值和第一个例子相同，但是方差被设置为 $\sigma_1^2=0.1$，$\sigma_2^2=0.2$，$\sigma_3^2=0.5$，$\sigma_4^2=0.8$，$\sigma_5^2=1$，$\sigma_6^2=2$，$\sigma_7^2=3$。图 4-1(b)给出了带有不同效用方差的选择概率。这些结果也是非常相似的，MNP 模型和 MMM 的结果更加接近。

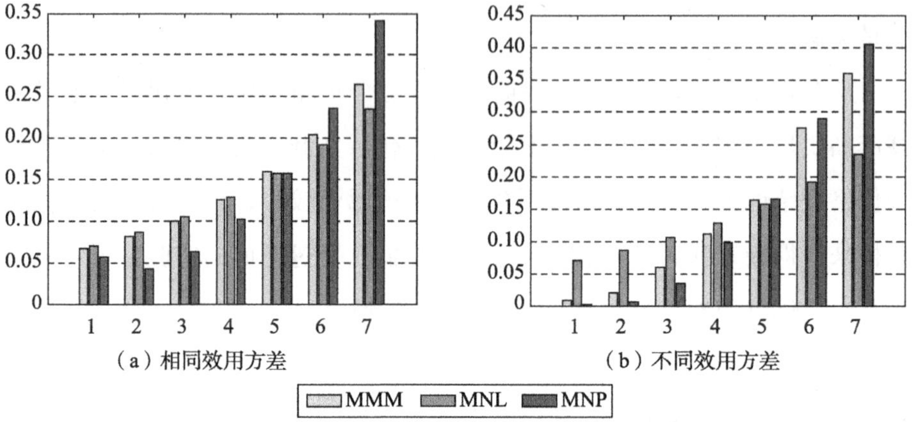

图 4-1 选择模型的比较

MMM 的结果与 MNL 模型或 MNP 模型是非常相似的。但是，MNL 模型假设随机误差项服从 Gumbel 分布，MNP 模型假设误差项服从正态分布，而 MMM 不需要关于分布函数的假设，所以它的使用是更加灵活的。另外，当解决带有大量产品的问题时，MNP 模型需要大量的仿真计算产品的选择概率，而 MMM 不需要大量的仿真模拟就可以解决带有大量产品的问题。

然后，通过一个实证分析对 MNL 模型、NL 模型和 MMM 进行对比，进一步研究 MMM 的有效性和适用性。

(1)数据收集

本研究的数据来自一个大中型超市 30 天内纯牛奶的销量。由于牛奶的品牌较多，为便于分析比较，只选择其中一些具有代表性的品牌，具体见表 4-1。研究过程中假设这 16 个品牌是超市供应的所有的纯牛奶品牌，并假设一个顾客在一次消费中只购买一种商品。另外，牛奶的包装含量各不相同，本书在研究价格时以每 100ml 为单位计算。

表 4-1 各品牌牛奶的购买频率、价格、促销及营养信息

编号	品牌	购买频率	实际价格（元/100ml）	打折促销	人员促销	礼品促销	营养价值
1	三剑客鲜牛奶	0.110	0.74	0	0	1	1
2	新西兰安佳全脂牛奶	0.030	1.70	0	0	0	1
3	澳大利亚兰诺斯纯牛奶	0.029	0.88	0	1	1	0
4	辉山牧场纯牛奶	0.066	0.66	0	0	1	0
5	德国进口欧德堡脱脂牛奶	0.019	2.02	0	0	0	1
6	蒙牛特仑苏纯牛奶	0.087	1.64	1	1	1	0
7	雀巢全脂牛奶	0.056	0.94	0	0	0	1
8	完达山纯牛奶	0.083	0.86	1	0	0	0
9	花花牛纯牛奶	0.208	0.92	1	1	1	0
10	晨光纯牛奶	0.021	0.90	0	0	1	0
11	君乐宝全脂牛奶	0.046	0.76	0	0	0	1
12	圣牧全程有机纯牛奶	0.048	1.50	0	1	1	0
13	光明纯牛奶	0.038	0.78	0	1	1	0
14	伊利金典纯牛奶	0.083	1.76	1	1	1	0
15	现代牧业纯牛奶	0.058	0.94	0	1	1	0
16	三元百利包纯牛奶	0.018	0.86	0	0	1	0

（2）影响因素

在观察期内，发现影响顾客购买牛奶的因素有很多。这里忽略对顾客购买行为影响较小的因素，其他主要因素如下：

品牌因素：现在市场中牛奶的品牌有很多，本书列举的就有 16 种品牌。在顾客购买牛奶时，品牌因素有相当大的影响。有一些是顾客一直热衷的品牌，有一些是受广告影响或其他人推荐的商品，品牌对顾客购买的影响力不可小觑。

价格因素：价格也是影响顾客购买某一种商品比较重要的因素之一。不同品牌牛奶的价格差异很大，不同的顾客要综合自己的购买能力来确定

最终所购买的商品。本书所指的价格是指顾客实际购买的价格，包括促销打折之后的价格。

促销因素：现在市场上几乎所有的商品都采用不同程度的促销手段来吸引顾客，如广告促销、人员促销、礼品促销、打折促销等，顾客在购买商品的过程中，也会受到各种促销手段的影响。在这里综合几个对顾客购买行为影响较大的促销手段来进行研究，包括打折促销、人员促销、礼品促销。

营养价值：顾客在购买各种牛奶的过程中，还会考虑到营养价值因素。例如，有的人热衷于全脂牛奶，有的人倾向于脱脂牛奶，有的人喜欢高钙牛奶，等等。因此，顾客会依据自己对牛奶营养价值的偏好而选择牛奶的种类。

(3)模型编码

这里采用 16 个品牌的牛奶进行分析，计算价格时采用销售给顾客的最终价格，即实际价格。由于不同品牌的牛奶包装含量不相同，即使同一品牌也生产不同规格的牛奶，如 180ml、200ml、250ml、1L 等，所以本书价格是以每 100ml 为单位计算比较的。对于促销的影响，本书采用二进制变量表示，例如，某品牌采取打折促销方式，则编码为 1，否则为 0，人员促销和礼品促销也同样采用 0~1 变量表示。对于营养价值也同促销方式一样采用二进制变量表示，如果某品牌含有特殊的营养成分(如全脂、高钙等)，则为 1，否则为 0。

(4)模型拟合求值

决策者 i 选定选项 $j(j \in C_n)$ 所得效用 u_{ij} 为 $u_{ij}=v_{ij}+\varepsilon_{ij}$，其中，确定性效用通过影响顾客购买行为的价格(*price*)、打折促销(*discountpro*)、人员促销(*staffpro*)、礼品促销(*giftpro*)、营养价值因素(*nutrition*)的线性函数表示：

$$v_{ij}=a\times price_{ij}+b\times discountpro_{ij}+c\times staffpro_{ij}+d\times giftpro_{ij}+e\times nutrition_{ij} \tag{4.38}$$

需要估计的参数有 a、b、c、d、e 共 5 个。这里用多元非线性回归对参数进行估计，用 Matlab 编程实现，所得结果如表 4-2 所示。为便于计算，这里只选用 MMM 与 MNL 模型、NL 模型进行比较分析。

利用 MNL 模型计算时，直接把式(4.38)代入式(2.1)计算即可。对于 NL 模型，把 16 个选择集合根据价格，以 1 元/100ml 和 2 元/100ml 为界限分成 3 个巢，即 $C_1=[1, 3, 4, 7, 8, 9, 10, 11, 13, 15, 16]$，$C_2=[2, 6, 12, 14]$，$C_3=[5]$，然后进行计算。对于 MMM，分两种情况进行分析。首先假设每个效用都有相同的方差，即 σ_j 均为 $\pi^2/6$，均值为 $v_j(j=1, 2, \cdots, 16)$。然后设置均值仍为 v_j，但产品的方差不同，对于 $j=1, 2, \cdots, 8$，令方差 $\sigma_j=\pi^2/6$；对于 $j=9, 10, \cdots, 16$，令方差为一个未知的变量系数进行求解，结果见表 4-2 和表 4-3。在非线性回归拟合过程中，不同的模型、不同的初值会导致系数上的些许不同，但计算结果表明，这并不影响模型的最终结论，从表 4-3 可以看到，拟合求得的模型残差、购买频率、效用值差别很小。

表 4-2 模型参数结果比较

参数	MNL	NL	MMM（相同方差）	MMM（不同方差）
a	-1.0485	-0.9969	-1.2492	-0.8516
b	1.5319	1.4588	2.0294	1.3834
c	0.2998	0.2823	0.2591	0.1766
d	0.6403	0.6103	0.8585	0.5852
e	1.0393	0.9889	1.3760	0.9380
λ			2.9214	1.9915
σ_1^2			1.6449	1.6449
σ_2^2			1.6449	0.7644
μ_1		1.0641		

续表

参数	MNL	NL	MMM（相同方差）	MMM（不同方差）
μ_2		1.0457		
μ_3		1.0000		
μ		1.0327		

(5)结果分析

从表4-2可知，模型中价格系数为负，这与通常理解是一致的：价格越高，给顾客带来的效用就越小。从顾客自身考虑，在保证商品品质前提下，顾客肯定更加偏好价格低的产品。而其他系数都为正：从促销角度考虑，不同形式、不同程度的促销都会刺激顾客的购买欲望，也会给顾客带来一定程度的正效用。在所考虑的三种促销形式中，打折促销的系数最大，可见打折促销对顾客购买偏好的影响较大，顾客还是更青睐价格上的优惠。其次，相对人员促销，礼品促销系数更大，更能影响顾客的购买活动。可见顾客更加喜欢较实际的优惠，如价格、礼品等。从系数上看，营养价值也是影响顾客购买的较重要的因素，而且起到正效用。

在表4-3中，估计购买频率为模型拟合求得的估计频率，其值越接近实际观察值，说明结果越好。残差是指实际观察值与估计值(拟合值)之间的差，残差绝对值越小，说明拟合值越接近实际观察值，建立的模型以及采用的求解方法越好。效用值为每个产品对顾客产生的不同价值。

表4-3　不同模型估计值

模型	三剑客	安佳	兰诺斯	辉山	欧德堡	蒙牛	雀巢	完达山
残差								
MNL	−0.0017	0.0085	−0.0171	0.0230	0.0036	−0.0091	0.0082	−0.0020
NL	−0.0007	0.0091	−0.0160	0.0239	0.0041	−0.0079	0.0092	−0.0010
MMM1	0.0012	0.0020	−0.0136	0.0230	−0.0041	−0.0040	0.0082	0.0018

续表

模型	三剑客	安佳	兰诺斯	辉山	欧德堡	蒙牛	雀巢	完达山
MMM2	0.0012	0.0020	−0.0136	0.0230	−0.0041	−0.0040	0.0082	0.0018
估计购买频率								
MNL	0.1117	0.0215	0.0461	0.0430	0.0154	0.0961	0.0478	0.0850
NL	0.1107	0.0209	0.0450	0.0421	0.0149	0.0949	0.0468	0.0840
MMM1	0.1088	0.0280	0.0426	0.0431	0.0231	0.0911	0.0478	0.0812
MMM2	0.1088	0.0280	0.0426	0.0430	0.0231	0.0910	0.0478	0.0812
效用值								
MNL	0.9037	−0.7431	0.0174	−0.0517	−1.0787	0.7525	0.0537	0.6302
NL	0.8615	−0.7058	0.0153	−0.0477	−1.0248	0.7165	0.0518	0.6015
MMM1	1.3101	−0.7476	0.0183	0.0340	−1.1474	1.0983	0.2018	0.9551
MMM2	0.8930	−0.5097	0.0124	0.0231	−0.7822	0.7486	0.1375	0.6510
模型	花花牛	晨光	君乐宝	圣牧	光明	伊利	现代牧业	三元
残差								
MNL	0.0036	−0.0124	−0.0117	0.0240	−0.0132	−0.0017	0.0147	−0.0169
NL	0.0043	−0.0116	−0.0106	0.0247	−0.0120	−0.0006	0.0158	−0.0160
MMM1	0.0002	−0.0151	−0.0093	0.0201	−0.0080	0.0022	0.0172	−0.0192
MMM2	0.0002	−0.0151	−0.0093	0.0201	−0.0080	0.0022	0.0172	−0.0192
估计购买频率								
MNL	0.2044	0.0334	0.0577	0.0240	0.0512	0.0847	0.0433	0.0349
NL	0.2037	0.0326	0.0566	0.0233	0.0500	0.0836	0.0422	0.0340
MMM1	0.2078	0.0361	0.0553	0.0279	0.0460	0.0808	0.0408	0.0372
MMM2	0.2078	0.0361	0.0553	0.0279	0.0460	0.0808	0.0408	0.0372
效用值								
MNL	1.5074	−0.3034	0.2424	−0.6327	0.1223	0.6266	−0.0455	−0.2614
NL	1.4343	−0.2869	0.2313	−0.6028	0.1150	0.5969	−0.0445	−0.2470
MMM1	1.9977	−0.2658	0.4266	−0.7562	0.1432	0.9484	−0.0566	−0.2158
MMM2	1.3617	−0.1812	0.2908	−0.5156	0.0976	0.6464	−0.0387	−0.1472

从残差可以发现，MMM 的结果明显优于 MNL、NL 模型，NL 模型结果总体也优于 MNL 模型。说明 MMM 的购买概率估计值更贴近于实际购买概率，NL 模型次之。而 MMM 的两种设计中，对于残差和购买概率的估计

结果一致，但是雅可比矩阵不同，不同方差下的拟合值优于相同方差下的拟合值，可见两种模型效果也是不同的。为了便于研究，在 MMM 方差不同的模型设计中，只估计了一个方差，当方差设计多样化时，同样可以得到，不同方差的 MMM 要比相同方差的结果更优。

从效用值可见，三剑客鲜牛奶和花花牛纯牛奶的效用值最高，可见对消费者来说，由于受到地理优势的影响，本地品牌的牛奶更受消费者青睐。由于受到大品牌的影响，蒙牛特仑苏纯牛奶、完达山纯牛奶和伊利金典纯牛奶对顾客的效用值也较大，可见品牌效用对顾客的偏好影响也很大。而新西兰安佳全脂牛奶、德国进口欧德堡脱脂牛奶、晨光纯牛奶、三元百利包纯牛奶等，由于品牌知名度不高，或者进口品牌价格较高，效用值为负。通过研究发现，品牌、价格、促销等是影响顾客购买行为的几个较重要因素，并且在诸多促销形式中，打折促销对顾客影响最大，礼品促销次之，这也为营销者设计营销方案提供了一定的理论帮助。

概率型选择模型是顾客行为研究的重要理论基础。针对顾客选择行为中的 MMM，通过实证研究，将传统的 MNL 模型和 NL 模型与 MMM 进行对比。结果表明，虽然 MNL 模型公式形式简洁，长期以来一直被普遍采用，但是它要求扰动项是独立分布的，这个假设有时并不满足。NL 模型是对 MNL 模型的改进，假设条件不像 MNL 模型那么严格，结果也比 MNL 模型要好，近年来也被广泛应用，但是它要求误差项服从正态分布。而新提出的 MMM，只需知道效用误差项的均值和方差，即可求出概率，结果更贴合于实际。因此，MMM 在顾客行为选择的研究中，将具有更大的应用空间和优势。

4.4.2 不同参数对最优解的影响分析

公司计划开发一些新产品，在利润最大化的目标下，公司需要决定产品的最优价格和市场份额。本节中对基于 MMM 的产品线优化结果与 Li 和 Huh[61] 中基于 MNL 模型的结果进行比较。为了便于分析，假设一个垄断公司开发两个新产品，且市场中有两个寡头公司，每家公司仅开发一个新产品。然后分析最优利润、价格和市场份额随着质量、价格敏感系数和效用误差项方差的变化而变化的情况，并比较垄断和寡头市场下的最优解。

4.4.2.1 质量水平对最优解的影响

在 Li 和 Huh[61] 中，模型参数包括 M，$M_k(k=1,\ 2)$，$\tau_k(k=1,\ 2)$，$b_k(k=1,\ 2)$，$c_k(k=1,\ 2)$和 $a_k(k=1,\ 2)$。其中，M 表示市场中产品的总数目，M_k 表示属于公司 k 的产品的数量，$\tau_k \in [0,\ 1]$表示公司 k 中产品的差异化程度，其他参数与本章是一致的。

这里像 Li 和 Huh[61]一样假设总共有两个产品被开发，每个寡头公司开发一个新产品，则 $M=J=2$，$M_1=M_2=1$，$\tau_1=\tau_2=1$。类似地，假设 $b_1>b_2$，且 $b_1=3$，$b_2=2$；所有成本都为 0，即 $c_1=c_2=0$，因此收益和利润是相同的。为简单起见，其他参数的范围被设置为 $\sigma_1=0.5$，$\sigma_2=1.5$，$b_0=1$，$v_0=1$，$\sigma_0=1$。为便于分析，令 $a_1=a_2=a$。产品的最优利润、最优价格和最优市场份额随着质量水平的变化而变化的情况如图 4-2 至图 4-4 所示。

从图 4-2 观察到，无论基于 MMM 的产品线模型中质量怎样改变，垄断定价都高于 Cournot 竞争定价，Cournot 竞争定价高于 Bertrand 竞争定价，这与基于 MNL 模型的对应结论是一致的。从图 4-2 也可以观察到，无论在垄断市场、Cournot 竞争还是 Bertrand 竞争中，随着产品质量的增加，基于 MMM 的产品线中的价格都是先下降后逐渐增大，这与命题 4.2 的结论一致。这个现象被解释为：顾客对产品的质量有一个心理预期值。当质量低于这个预期值时，即使质量被改进，购买这个产品的概率仍是相当低的。这时，增加价格对整体利润的贡献小于降低价格(导致购买概率和市场份额增加)对整体利润的贡献。因此，公司趋向于降低价格以获得更多利润。当产品的质量高于心理预期值时，顾客对这个产品是满意的。质量越好，顾客越喜欢这个产品，因此公司可以增加价格以获得更高利润。

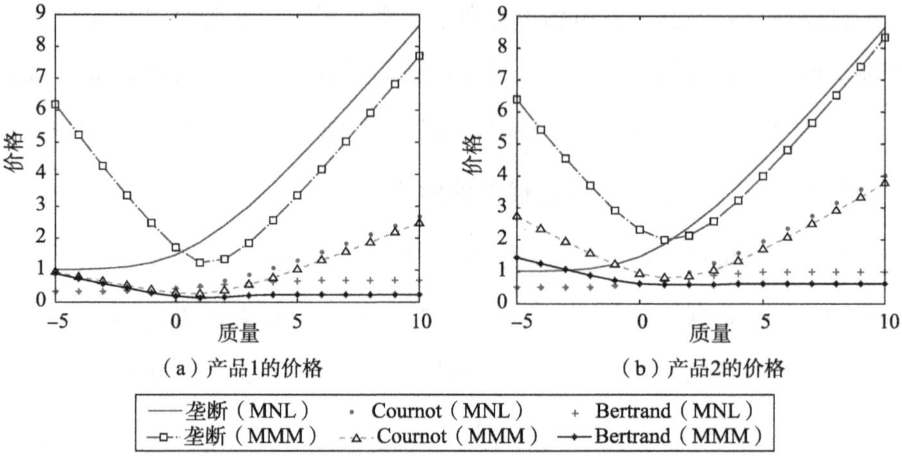

图 4-2　最优价格随着质量变化而变化的情况

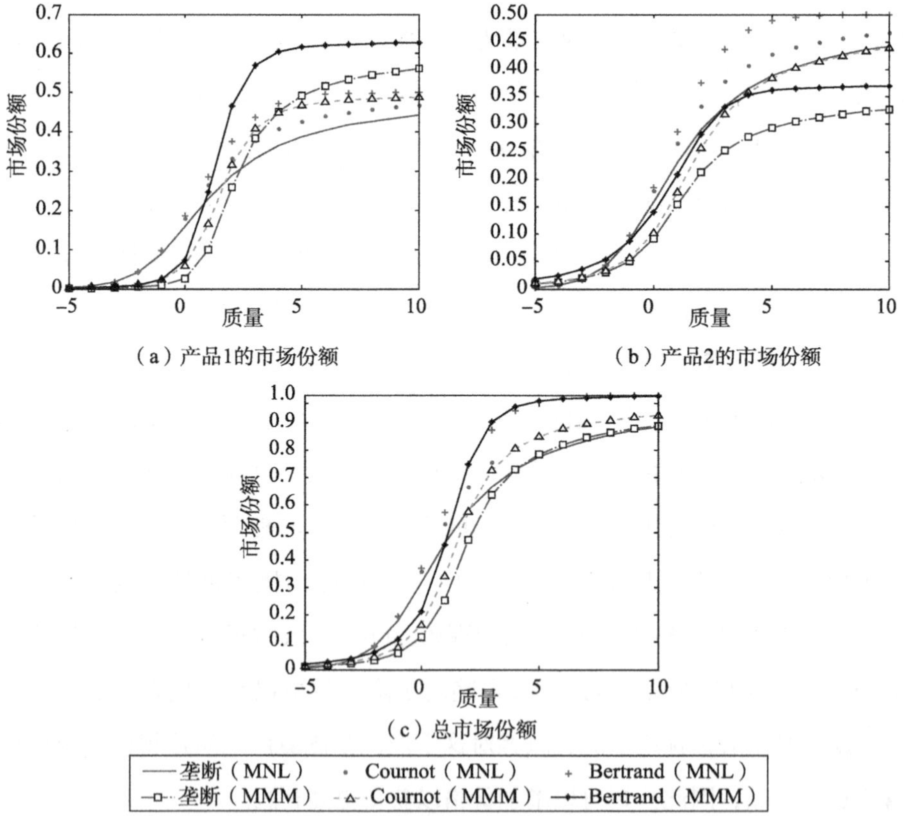

图 4-3　最优市场份额随着质量变化而变化的情况

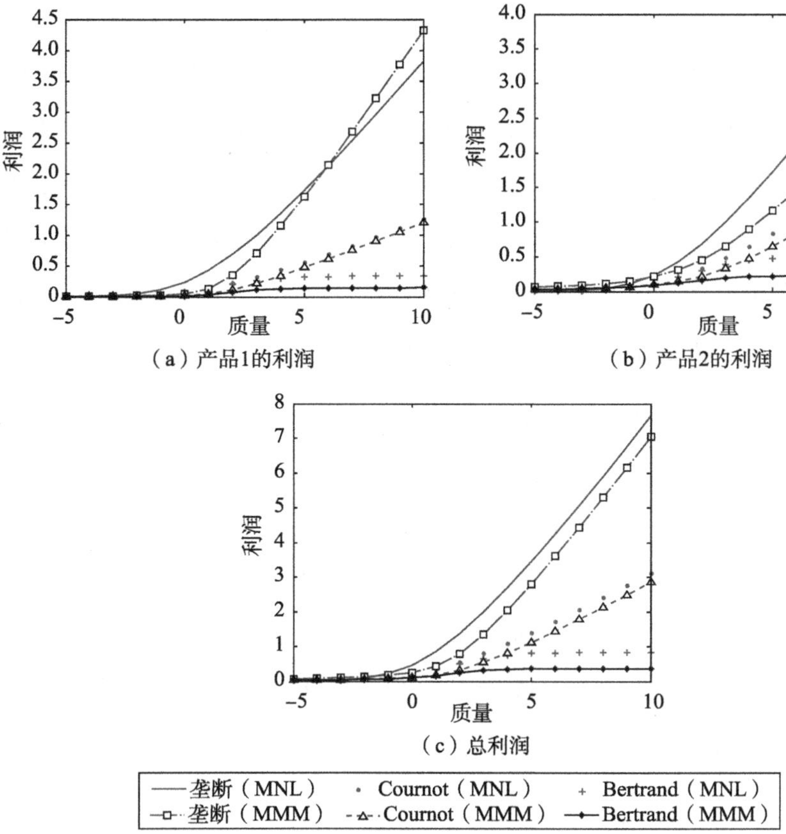

图 4-4　最优利润随着质量变化而变化的情况

如图 4-3 所示，基于 MMM 模型和 MNL 模型的产品线模型中，总的市场份额随着质量的增加而变大，这与命题 4.2 的结论也是一致的。因此，公司可以通过改进产品质量增加市场份额。在 Bertrand 竞争下，当质量相当高时，市场份额仅保持缓慢的增长。垄断市场有最低的总市场份额，然后是 Cournot 竞争，Bertrand 竞争有最高的总市场份额，这表明竞争增加了产品的总市场份额。但是对个体产品而言，市场份额不一定遵循这一规则。例如，对于图 4-3（a）的产品 1，当质量是 10 时，Cournot 竞争下的市场份额低于垄断的市场份额，这表明竞争不一定增加个体产品的市场份额。

图 4-4 描述了基于 MNL 模型和 MMM 产品线的最优利润随着质量水平的变化而变化的曲线。垄断公司有最高的总利润，然后是 Cournot 竞争，Bertrand 竞争有最低的总利润。如图 4-4 所示，随着质量的增加，利润逐渐增大。但是随着质量的不断改进，Bertrand 竞争的利润不总是持续增加，质量达到一定值后，利润保持在一个稳定的水平，这也表明价格竞争是更加激烈的竞争，公司为了获得最大利润应该尽量避免 Bertrand 竞争。

4.4.2.2 价格敏感系数对最优解的影响

本部分进一步探索不同的价格敏感系数对于利润、价格和市场份额的影响。实验的参数分别定义为 $M=2$，$M_1=M_2=1$，$\tau_1=\tau_2=1$，$a_1=1$，$a_2=2$，$\sigma_1=0.5$，$\sigma_2=1.5$，$v_0=1$，$\sigma_0=1$，$c_1=c_2=0.1$。为了比较不同价格敏感系数对最优解的影响，假设垄断市场和寡头市场下的价格敏感系数都是相同的，即 $b_0=b_1=b_2=b$。图 4-5 至图 4-7 分别描述了垄断和寡头市场下基于 MNL 模型和 MMM 的产品线模型中最优价格、市场份额和利润的变化曲线。

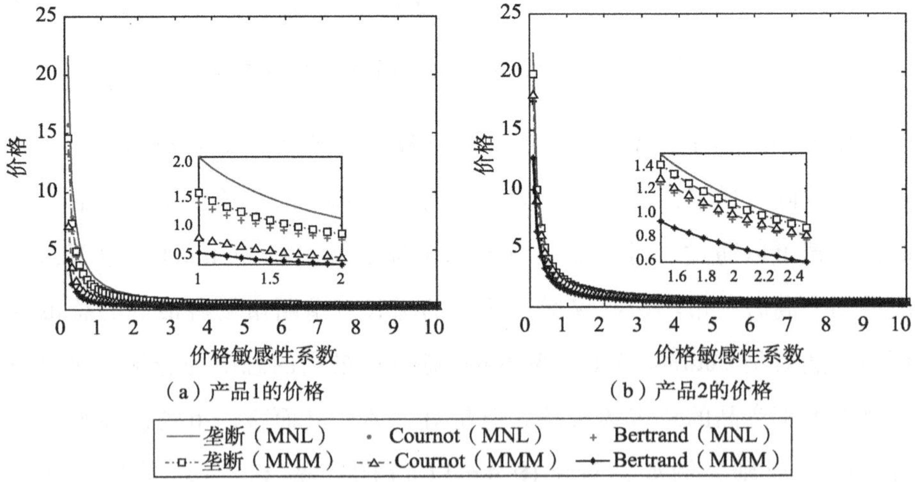

图 4-5 最优价格随着价格敏感系数变化而变化的情况

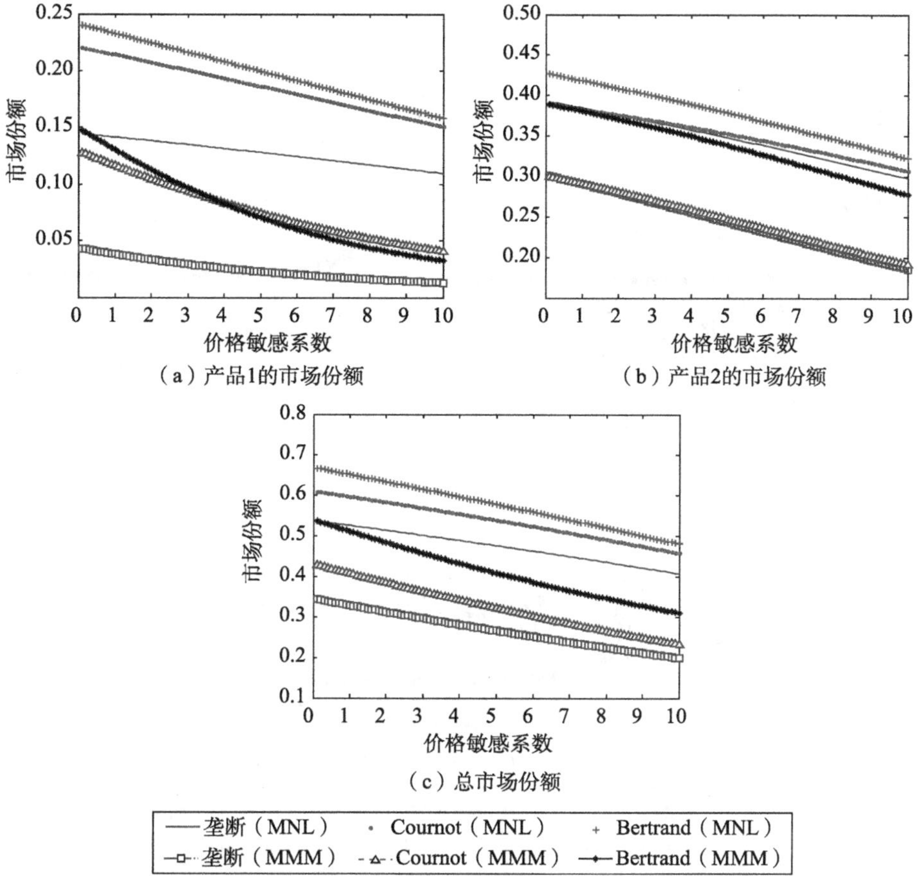

图 4-6　市场份额随着价格敏感系数变化而变化的情况

图 4-5 描述了垄断市场、Cournot 竞争和 Bertrand 竞争下，基于 MNL 模型和 MMM 的产品线模型的最优价格随着价格敏感系数的变化而变化趋势。随着价格敏感系数变大，最优价格曲线显示了一个下降的趋势。当价格敏感系数非常大时，价格是非常低的。如果顾客对价格的改变不敏感，公司能通过提高价格增加收入。相反，如果顾客对价格是敏感的，同时公司又提高了价格，顾客购买这个产品的意愿将降低。因此，当价格敏感系数较大时，公司应该降低价格以获得最优利润。另外，垄断公司有最高的价格，然后是 Cournot 竞争，Bertrand 竞争有最低的价格。

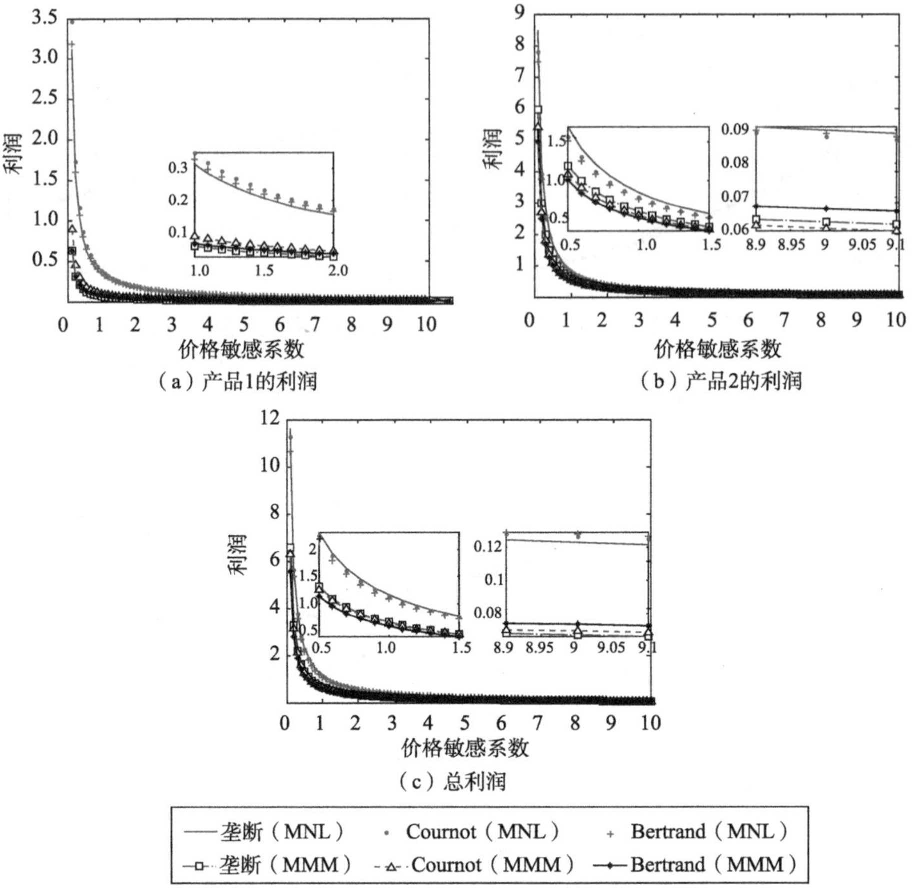

图 4-7　利润随着价格敏感系数变化而变化的情况

由命题 4.2 可知，随着价格敏感系数变大，市场份额逐渐减少。这个结论可以通过图 4-6 的曲线观察到。当 b 较小时，顾客对价格的改变不太敏感，他们可能会购买更多的产品。如前所述，竞争增加了总的市场份额，但是个体产品的市场份额不一定增加。如图 4-6(a)所示，当价格敏感系数较小时，在 Bertrand 竞争下产品 1 的市场份额高于在 Cournot 竞争下产品 1 的市场份额；但是随着 b 变大，在 Cournot 竞争下产品 1 的市场份额高于在 Bertrand 竞争下产品 1 的市场份额。这表明随着价格敏感系数的变化，市场份额也是变化的，这与顾客的效用相关。换句话说，产品的市场份额不仅与价格敏感系数有关，而且与产品的质量、价格和其他因素有关。

图 4-7 显示了利润随着价格敏感系数的变化而变化的曲线。价格敏感系数越小，产品的利润越大。随着价格敏感系数变大，利润逐渐减小，最后几乎为 0，这表明顾客对价格越敏感，公司获得的利润越小。如果公司希望通过提高价格增加收益，首先应该预测顾客对价格的敏感性，其次在价格和顾客敏感性之间做一个权衡，最后再做决定。如图 4-7(c)所示，当价格敏感系数 b 较小时，垄断市场的总利润最大，Cournot 竞争下的总利润其次，Bertrand 竞争下的总利润最小；当 b 较大时，例如 $b=9$，Bertrand 竞争下的总利润最大，Cournot 竞争下的总利润其次，垄断市场的利润最小。如果公司适当地降低价格，顾客的购买意愿可能增加，利润也将增加。在 Bertrand 竞争下，公司直接通过调整价格获得最优利润。在 Cournot 竞争下，公司通过改变市场份额增加利润。因为垄断市场缺少竞争，价格调整的影响是不明显的。

4.4.2.3 效用方差对最优解的影响

本部分用蒙特卡洛方法创建样本，并分析随着效用方差的改变，最优价格、市场份额和利润的变化趋势。在实验中，随机选择十组参数，包括 a_1，a_2，b_1，b_2，c_1，c_2，v_0，b。这些系数被均匀地随机产生，即 a_1，$a_2\in[-5,\ 10]$，b_1，b_2，$b\in[0.1,\ 10]$，c_1，$c_2\in[0.1,\ 5]$，$v_0\in[0.1,\ 2]$。为了比较不同方差对于结果的影响，假设垄断市场和寡头市场下的方差是相同的，即 $\sigma_0=\sigma_1=\sigma_2=\sigma$。图 4-8 和图 4-9 描述了垄断市场、Cournot 竞争和 Bertrand 竞争下最优价格、市场份额和利润随着效用方差的变化而变化的趋势。

图 4-8 显示了产品的最优价格、市场份额和利润随着方差的变化而变化的曲线。如图 4-8(a)所示，在不同的方差下，垄断价格是最高的，Bertrand 竞争的价格最低。当方差增大时，产品 1 或者产品 2 的最优价格先下降一点然后持续上升。值得注意的是，较大的效用方差导致了更高的最优价格。例如，当方差等于 5 时的最优价格大约是没有方差时的两倍。

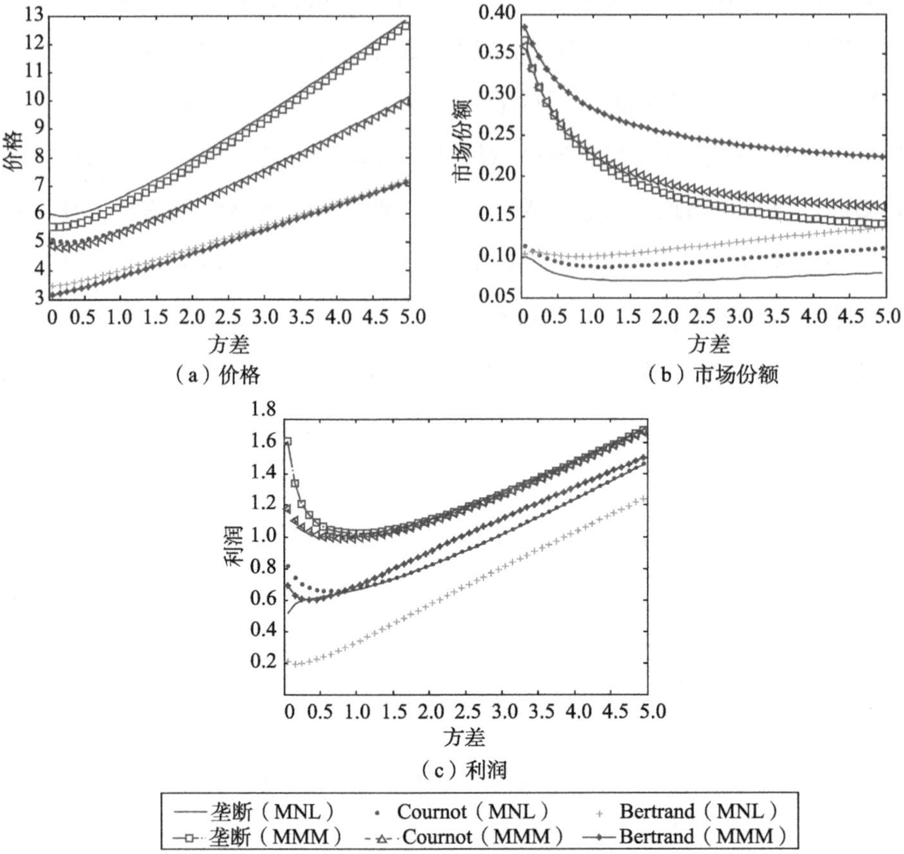

图 4-8　产品的最优价格、市场份额和利润随着方差的变化而变化的情况

当方差等于 0 时，顾客的效用估计是准确的。根据当前的最优产品价格，估计购买该产品的顾客群体也是准确的。当对顾客效用的估计有一点偏差时，公司应该采取降价策略，以确保之前估计的顾客群体仍然存在。当方差大于某一值时，随着方差的增加(估计越来越不准确)，具有有限理性的公司可能不会为了保持市场份额而不断采取降价策略。这时，部分顾客的估计效用高于其实际效用值，而另一部分顾客的估计效用低于其实际效用值。假设两部分顾客是等可能的，从利润的角度来看，高价策略的利润一定不低于低价策略，所以公司应该选择高价策略。因此，价格随方差的增加而增加。

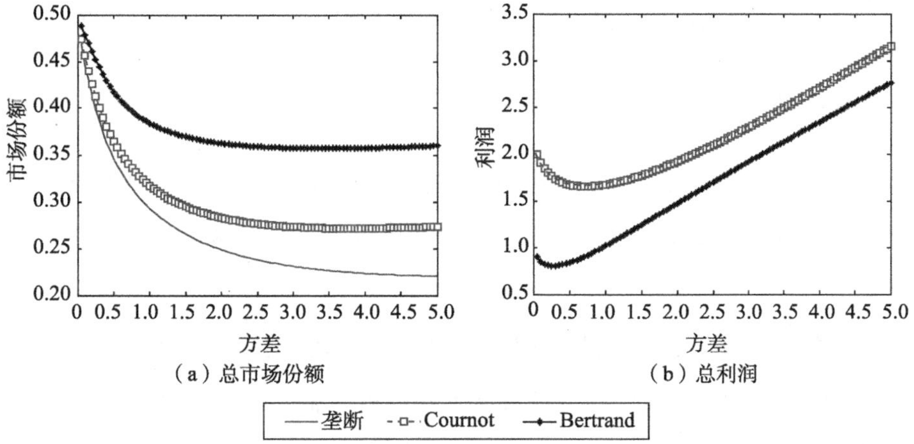

图 4-9　总市场份额和总利润随着方差的变化而变化的情况

图 4-8(b)和图 4-9(a)显示了个体产品的市场份额和总市场份额的变化情况。垄断市场的总市场份额最低，而 Bertrand 竞争的总市场份额最高，这表明竞争增加了总的市场份额。但是，个体产品的市场份额显示了不同的变化趋势：产品 1 的市场份额增加而产品 2 的市场份额逐渐减小。这可以通过定理 4.2、定理 4.4 和定理 4.5 中关于市场份额的方程解释：当$(a_k-V_0)/b_k-c_k>0$时，市场份额随着方差的增加而减少；当$(a_k-V_0)/b_k-c_k<0$时，市场份额随着方差的增加而增加。市场份额的改变和许多因素有关，包括产品的质量、成本、竞争产品的效用、价格敏感系数、价格等。

图 4-8(c)和图 4-9(b)给出了总利润随着效用方差的变化而变化的情况。在不同方差下，垄断市场的总利润最高，Bertrand 竞争的总利润最低。当效用方差增大时，两个产品的总利润先下降一点，然后持续增加。这可以通过需求弹性来解释，需求弹性是指在一定时期内商品需求量的相对变动对于该商品价格的相对变动的反应程度。随着方差的增加，图 4-8(a)所示的价格总体趋势是增加的，而图 4-9(a)所示的总市场份额是逐渐下降的。当方差从 0 开始增加时，价格缓慢增长，而总市场份额显著下降，因此需求弹性较大。随着价格的上涨，总利润逐渐减少。当方差较大时，价格显

著上升，而总市场份额缓慢下降，所以需求弹性较小，总利润逐渐增加。

4.4.3 管理启示

本研究的管理启示适用于垄断或寡头公司。该研究可以为计划开发新产品以实现利润最大化的管理者和实践者提供指导，并帮助他们做出定价决策。

在新产品开发和生产制造的早期阶段，产品线设计是公司必须解决的关键问题[248]。成功的产品线能满足不同的顾客需求、缩短生产周期、降低制造成本，从而获得可观的市场份额，增加公司的利润[249]。在产品线设计决策过程中，需要考虑后续生产阶段的各种因素，如生产成本的估算、生产方式的选择、生产设备的采购、供应链的配置等。产品线设计与生产过程密切相关，对生产研究有较大影响。

首先，垄断或寡头公司要想通过开发新产品实现利润最大化，在决定最优价格或市场份额时应该考虑许多因素，包括产品质量、开发成本、顾客的价格敏感性、效用的估计方差和竞争产品的效用等。公司在决策时，不仅要考虑本公司产品的属性，还要考虑竞争产品的属性。

其次，在垄断或寡头市场下，随着产品质量的改进，产品的市场份额和利润都增加。但是价格呈现不同的趋势：当产品的质量低于顾客的心理预期值时，即使产品质量提高，公司也必须降低最优定价以获得最大利润；当产品的质量高于顾客的心理预期值时，随着产品质量的提高，产品的最优定价也是升高的。因此，改进产品的质量对公司是有利的，但对产品的最优定价还需视情况而定。

再次，公司在做决定之前，应该调查顾客对产品的价格敏感性。如果价格敏感性较低，公司可以通过提高价格来获得更多的市场份额和利润。相反，如果顾客对价格敏感性较高，公司可以通过降低价格来保证市场份额和利润。

最后，公司对顾客效用的估计也影响公司的定价决策。随着公司对顾客效用的估计越来越不准确(即顾客效用的方差越来越大)，产品的最优定价和利润都是先下降一点，然后持续上升；产品的总市场份额是持续下降的，但是个体产品的市场份额可能上升，也有可能降低。因此，当公司对顾客效用的估计有非常大的偏差时，公司可以通过提高价格以获得最大利润；但是，如果公司的目标是最大化市场份额，就必须降低最优定价以提高总的市场份额。

4.5 本章小结

和传统的概率型选择模型相比，MDM 和 MMM 有较弱的假设条件。本章建立了基于 MDM 和 MMM 的产品线定价模型，探索了利润函数的凹性，得到如下结论：

(1)在垄断市场中，当价格敏感系数仅与公司有关时，基于 MDM 的产品线定价模型的利润函数关于市场份额是凹函数。另外，基于指数分布、t 分布、广义指数分布、均匀分布、标准正态分布和柯西分布的利润函数在 MDM 模型下都是凹函数。

(2)在垄断和寡头市场中，当价格敏感系数仅与公司有关时，基于 MMM 的产品线定价模型的利润函数关于市场份额也是凹函数。由于模型的复杂性，不能直接获得最优价格和最优市场份额，但是得到了求解最优解的隐式方程。

(3)通过数值实验，首先验证虽然 MMM、MNL 模型、MNP 模型和 NL 模型的结果在非常不同的假设条件下得到，但 MMM 获得的选择概率结果与其他模型是非常类似的，甚至是更优的；然后比较了垄断市场、Cournot 竞争和 Bertrand 竞争的结果，分析了产品质量、顾客的价格敏感系数和效用误差项的方差对于公司的利润、市场份额和最优定价的影响。

第5章

考虑网络效应的产品线定价研究

5.1 引言

随着互联网经济的快速发展，传统的消费结构已经发生了巨大的变化，研究网络效应对新产品开发和定价的影响成为一个重要的学术问题。当顾客从购买产品中获得的效用取决于相同或类似产品的销售数量时，许多产品都会表现出网络效应或网络外部性[14]。在传统的产品线定价过程中，假设效用只取决于顾客的个人特征。然而，如果一条产品线具有网络效应的特性，企业需要分析顾客的购买行为如何受到其他顾客的影响，并重新评估市场规模。产品价格与效用直接相关，市场规模影响产品线的成本结构，网络效应也影响产品线定价和质量设计的过程。对于这些开发具有网络效应的新产品的企业来说，一个重要的挑战是模拟顾客的选择行为，将网络效应融入其中，并利用该模型设计产品线以实现收益最大化。

网络效应通常包括两个方面：正的网络效应和负的网络效应。有很多产品表现出正的网络效应，例如网络游戏、社交软件（QQ、微信、Facebook、微博）、网络电影、团购商品等。购买或使用这些产品的人越多，顾客从购买这些产品中获得的效用就越大。也有一些产品表现出负的网络效应，比如交通模式的选择，或者个性化顾客对于产品的选择。如果某公司生产一系列女包或者服装，当产品线中有更多的人购买相同或类似的产品时，有个性化需求的顾客可能不愿意购买该产品。如果在一个小城市有太多的人买车，导致交通堵塞，拥有一辆车的效用将会下降。如果想买一些奢侈品的顾客认为这些产品被太多的顾客拥有，那么这些商品的价格或吸引力就会下降。选择这些产品或服务的人越多，选择相同或类似产品的顾客获得的效用就越小。

许多公司提供带有网络效应的产品线，从而满足不同顾客的需求，获得最大利润。为了设计一条产品线，公司需要考虑许多因素，比如定价决策、产品质量、开发成本、顾客的价格敏感性和网络效应等。

在产品定价问题的研究中，许多学者基于 MNL 模型研究了正的网络效应对顾客选择行为的影响[9,229,250,251]，发现即使在同质产品的情况下，最优价格也可能不同。但考虑负的网络效应的产品优化问题同样不容忽视，需要进一步解决。在众多的产品线设计优化问题中，许多产品具有负的网络效应[14]，并且 IIA 特性可能不被满足。在这种情况下，顾客选择行为的模拟和产品定价将成为急需解决的现实问题。网络效应通常内生于顾客选择模型的效用中，并且克服 IIA 问题的 MMM 能较好地模拟顾客选择行为，因此，带有网络效应的 MMM 能较好地解决产品线定价问题。本章主要研究基于内生负网络效应的 MMM 的顾客选择行为对产品线定价问题的影响。

5.2 基于网络效应的 MMM 的产品线定价

假设某公司计划开发 $n(i=1, \cdots, n)$ 个产品以获得最大收益，并假设竞争者在短期内对该公司的新产品不会做出反应[63,252]。市场有 $m(j=1, \cdots, m)$ 个潜在顾客，如果顾客 j 购买产品 i，这个顾客获得效用 u_{ij}，且

$$u_{ij}=v_{ij}+\varepsilon_{ij} \tag{5.1}$$

其中，v_{ij} 是观察到的产品和顾客属性的效用的确定性部分，ε_{ij} 是特定顾客特质的一个随机变量。假设随机误差的均值 0 和方差 σ_{ij}^2 是已知的，即效用 u_{ij} 的均值 v_{ij} 和方差 σ_{ij}^2 已知，则基于 MMM 产品 i 的选择概率为[15,16]

$$q_{ij}=\frac{1}{2}\left(1+\frac{v_{ij}-\lambda_j}{\sqrt{(v_{ij}-\lambda_j)^2+\sigma_{ij}^2}}\right) \tag{5.2}$$

其中，拉格朗日乘子 λ_j 可以通过下面的方程得到

$$\sum_{i=1}^{n}\frac{1}{2}\left(1+\frac{v_{ij}-\lambda_j}{\sqrt{(v_{ij}-\lambda_j)^2+\sigma_{ij}^2}}\right)=1 \tag{5.3}$$

下面，将网络效应融合到 MMM 中，进一步模拟顾客对带有网络效应产品的选择概率。类似于 Du 等[9]的研究，顾客的效用由产品的质量 y_i、价格 p_i、总的销量 x_i、价格敏感系数 $b_{ij}(b_{ij}\geqslant 0)$ 和网络效应参数 α_{ij} 组成：

$$v_{ij}=y_i-b_{ij}p_i+\alpha_{ij}x_i \tag{5.4}$$

其中，参数 α_{ij}表示顾客 j 的效用被产品 i 的总销量影响的程度。参数 α_{ij}越大，顾客购买产品的网络效应越敏感，效用 v_{ij}的网络效应仅取决于产品 i 的总的销量水平。在本章中假设 $\alpha_{ij}\leqslant 0$，并标准化市场规模为 $1(m=1)$。因此选择概率 q_i 等于产品 i 的总的市场销量，即 $x_i=q_i$(对于一般的 m，$x_i=mq_i$，这时重新定义$\overline{\alpha_i}=m\alpha_i$，则这两个问题是等价的[9])。则 $v_i=y_i-b_ip_i+\alpha_iq_i$，且选择概率被重新设置为

$$q_i=\frac{1}{2}\left(1+\frac{y_i-b_ip_i+\alpha_iq_i-\lambda}{\sqrt{(y_i-b_ip_i+\alpha_iq_i-\lambda)^2+\sigma_i^2}}\right) \tag{5.5}$$

其中，网络效应以网络强度参数的形式被内化在 MMM 的效用中，每个顾客至多购买一个产品，产品 0 表示没有购买产品线中的产品或者购买一个外部的产品。对于产品 0，效用是 v_0，误差项的方差是 σ_0^2，同时，参数 v_0 和 σ_0 都是已知的。则产品 0 的选择概率为

$$q_0=\frac{1}{2}\left(1+\frac{v_0-\lambda}{\sqrt{(v_0-\lambda)^2+\sigma_0^2}}\right) \tag{5.6}$$

通过方程(5.6)，得到 $\lambda=v_0-\frac{1}{2}\sigma_0(2q_0-1)\cdot(q_0-q_0^2)^{-\frac{1}{2}}$。通过方程

(5.5)，产品 i 的价格可被表示为

$$p_i=\frac{1}{b_i}\left[\gamma_i+\alpha_i q_i-v_0+\frac{1}{2}\sigma_0(2q_0-1)\cdot(q_0-q_0^2)^{-\frac{1}{2}}-\frac{1}{2}\sigma_i(2q_i-1)(q_i-q_i^2)^{-\frac{1}{2}}\right] \tag{5.7}$$

其中，$\sigma_i>0$，$\sigma_0>0$。定义 $q=(q_0, q_1, \cdots, q_n)$，且所有产品的开发成本被假设为0[9]，则公司的总收益为

$$\begin{aligned}\pi(q) &= \sum_{i=1}^{n} q_i \cdot p_i(q)\\ &= \sum_{i=1}^{n}\frac{\alpha_i}{b_i}q_i^2+\sum_{i=1}^{n}\frac{q_i}{b_i}\cdot\left[\gamma_i-v_0+\frac{\sigma_0}{2}(2q_0-1)\cdot(q_0-q_0^2)^{-\frac{1}{2}}\right]-\\ &\quad\sum_{i=1}^{n}\frac{\sigma_i}{2b_i}(2q_i^2-q_i)(q_i-q_i^2)^{-\frac{1}{2}}\end{aligned} \tag{5.8}$$

则产品定价问题被陈述为

$$\begin{aligned}&\max\pi(q_0, q_1, q_2, \cdots, q_n)\\ &\text{s. t. } \sum_{i=1}^{n} q_i+q_0=1\\ &q_i, q_0\geqslant 0(i=1, 2, \cdots, n)\end{aligned} \tag{5.9}$$

下面将研究网络效应如何影响不同场景下的最优价格、对应的市场份额和最优收益的问题，包括开发一个新产品、多个具有相同系数的产品的同质场景以及多个具有不同参数的产品的异质情况。

5.2.1 单个产品的定价

这部分将研究仅有一个产品被开发的产品定价问题。产品的质量是 γ，价格敏感系数是 b，网络效应参数是 α，效用误差项的方差是 σ^2，产品的购买概率是 q。根据方程(5.7)，产品的价格是

$$p=\frac{1}{b}\left[y+\alpha q-v_0+\frac{1}{2}\sigma_0(2q_0-1)(q_0-q_0^2)^{-\frac{1}{2}}-\frac{1}{2}\sigma(2q-1)(q-q^2)^{-\frac{1}{2}}\right] \tag{5.10}$$

假设 $\sigma=\sigma_0>0$，且 $q+q_0=1$，所以价格被改变为

$$\begin{aligned}p&=\frac{1}{b}\left[y+\alpha q-v_0+\frac{1}{2}\sigma_0(1-2q)(q-q^2)^{-\frac{1}{2}}-\frac{1}{2}\sigma(2q-1)(q-q^2)^{-\frac{1}{2}}\right]\\&=\frac{1}{b}(y-v_0+\alpha q)+\frac{\sigma}{b}(1-2q)(q-q^2)^{-\frac{1}{2}}\end{aligned} \tag{5.11}$$

公司的收益是

$$\pi_1(q)=p\cdot q=\frac{\alpha}{b}q^2+\frac{y-v_0}{b}q+\frac{\sigma}{b}q(1-2q)(q-q^2)^{-\frac{1}{2}} \tag{5.12}$$

最优产品定价问题为

$$\begin{aligned}&\max\pi_1(q)\\&\text{s. t. } q\geqslant 0\end{aligned} \tag{5.13}$$

下面的命题证明，当仅有一个产品被开发时，$\pi_1(q)$关于变量 q 是凹函数。当考虑网络效应时，最优价格和最优市场份额能通过隐式方程求得，最大收益可以根据对应的最优价格和最优市场份额由式(5.12)得到。

命题 5.1：当仅开发一个产品时，$\pi_1(q)$关于变量 q 是凹函数，最优价格和最优市场份额可以通过下面的隐式方程获得：

$$\begin{cases}4\alpha q+2(y-v_0)+\sigma(q-q^2)^{-\frac{3}{2}}(4q^3-6q^2+q)=0\\p=\frac{1}{b}(y-v_0+\alpha q)+\frac{\sigma}{b}(1-2q)(q-q^2)^{-\frac{1}{2}}\end{cases} \tag{5.14}$$

证明：因为

$$\begin{aligned}\frac{\partial\pi_1(q)}{\partial q}&=2\frac{\alpha}{b}q+\frac{y-v_0}{b}+\frac{\sigma}{b}\left[(1-4q)(q-q^2)^{-\frac{1}{2}}+(q-2q^2)\left(-\frac{1}{2}\right)(q-q^2)^{-\frac{3}{2}}(1-2q)\right]\\&=\frac{2\alpha}{b}q+\frac{y-v_0}{b}+\frac{\sigma}{2b}(q-q^2)^{-\frac{3}{2}}(4q^3-6q^2+q)\end{aligned}$$

$$\frac{\partial^2 \pi_1(q)}{\partial q^2}=\frac{2\alpha}{b}+\frac{\sigma}{2b}\left[\left(-\frac{3}{2}\right)(q-q^2)^{-\frac{5}{2}}(1-2q)\cdot(4q^3-6q^2+q)+(q-q^2)^{-\frac{3}{2}}(12q^2-12q+1)\right]$$

$$=\frac{2\alpha}{b}+\frac{\sigma}{2b}(q-q^2)^{-\frac{5}{2}}\left(-q^2-\frac{1}{2}q\right)$$

又 $b\geqslant 0$，$\sigma>0$，$\alpha\leqslant 0$，所以$\frac{\partial^2 \pi_1(q)}{\partial q^2}\leqslant 0$，$\pi_1(q)$关于 q 是凹函数，这表明 $\pi_1(q)$存在最大值并且最优解也能被得到。

$\frac{\partial \pi_1(q)}{\partial q}=0$，$\frac{2\alpha}{b}q+\frac{y-v_0}{b}+\frac{\sigma}{2b}(q-q^2)^{-\frac{3}{2}}(4q^3-6q^2+q)=0$，最优的 q^* 和 p^* 可以通过下面的方程求解：

$$\begin{cases}4\alpha q+2(y-v_0)+\sigma(q-q^2)^{-\frac{3}{2}}(4q^3-6q^2+q)=0\\ p=\frac{1}{b}(y-v_0+aq)+\frac{\sigma}{b}(1-2q)(q-q^2)^{-\frac{1}{2}}\end{cases}$$

当网络效应被考虑时，命题 5.1 证明，当仅开发一个产品时，收益函数关于变量选择概率是凹函数。同时，最优价格和对应的选择概率能够得到，最优收益也能获得。因此，当公司计划开发一个新产品以获得最大收益时，最优选择概率(市场份额)与产品的网络效应、质量、购买该产品效用误差项的方差和购买外部产品的效用有关；另外，除了以上因素外，最优价格还与价格敏感系数有关。

5.2.2 同质产品的定价

在本节中，一个特殊的市场情况将被考虑，即所有的 n 个产品有相同的系数。也就是说，所有产品有相同的质量、价格敏感系数、网络效应参数和效用误差项的方差，即 $y_i=y$，$\alpha_i=\alpha$，$b_i=b$，$\sigma_i=\sigma$。不失一般性，假设价格敏感系数 $b=1$。

由式(5.7)，价格可以被重新表达为

$$p_i=y+\alpha q_i-v_0+\frac{1}{2}\sigma_0(2q_0-1)(q_0-q_0^2)^{-\frac{1}{2}}-\frac{1}{2}\sigma(2q_i-1)(q_i-q_i^2)^{-\frac{1}{2}} \tag{5.15}$$

公司的总收益被表示为

$$\pi_2(q)=\sum_{i=1}^{n}(y-v_0+\alpha q_i)q_i+\sum_{i=1}^{n}q_i\cdot\frac{\sigma_0}{2}(2q_0-1)\cdot(q_0-q_0^2)^{-\frac{1}{2}}-\sum_{i=1}^{n}q_i\frac{\sigma}{2}(2q_i-1)(q_i-q_i^2)^{-\frac{1}{2}} \tag{5.16}$$

因此，产品线定价问题被描述如下：

$$\begin{gathered}\max\pi_2(q_0,\ q_1,\ q_2,\ \cdots,\ q_n)\\ \text{s. t. }\sum_{i=1}^{n}q_i+q_0=1\\ q_i,\ q_0\geqslant 0\quad(i=1,\ 2,\ \cdots,\ n)\end{gathered} \tag{5.17}$$

下面的命题表明，当网络效应存在时，收益函数 $\pi_2(q_0,\ q_1,\ q_2,\ \cdots,\ q_n)$关于变量 q 仍是凹函数，最优价格和最优市场份额仍可以通过隐式方程组求解。同时，最优收益可以通过式(5.16)求得。

命题 5.2：收益函数 $\pi_2(q_0,\ q_1,\ q_2,\ \cdots,\ q_n)$关于 q 是凹函数，最优价格和最优市场份额可以通过下面的隐式方程组求得：

$$\begin{cases}2\alpha q_i+y-v_0+\frac{1}{2}\sigma_0(q_0-q_0^2)^{-\frac{3}{2}}\left(-2q_0^3+3q_0^2-\frac{1}{2}q_0-\frac{1}{2}\right)-\\ \frac{\sigma}{2}(q_i-q_i^2)^{-\frac{3}{2}}\left(-2q_i^3+3q_i^2-\frac{1}{2}q_i\right)=0\\ p_i=y-v_0+\alpha q_i+\frac{1}{2}\sigma_0(2q_0-1)(q_0-q_0^2)^{-\frac{1}{2}}-\frac{1}{2}\sigma(2q_i-1)(q_i-q_i^2)^{-\frac{1}{2}}\\ q_0=1-\sum_{i=1}^{n}q_i\end{cases} \tag{5.18}$$

证明：把收益函数 $\pi_2(q)$分为三部分，令 $t_1=\sum_{i=1}^{n}(y-v_0+\alpha q_i)q_i$，则

$$\frac{\partial t_1}{\partial q_i}=\alpha q_i+\alpha q_i+y-v_0=2\alpha q_i+y-v_0$$

$$\frac{\partial^2 t_1}{\partial q_i^2}=2\alpha\leqslant 0$$

令 $t_2=\sum_{i=1}^{n} q_i\cdot\frac{\sigma_0}{2}(2q_0-1)(q_0-q_0^2)^{-\frac{1}{2}}$，则

$$\frac{\partial t_2}{\partial q_i}=\frac{1}{2}\sigma_0(2q_0-1)(q_0-q_0^2)^{-\frac{1}{2}}+\sum_{i=1}^{n} q_i\cdot\frac{1}{2}\sigma_0\left[(-2)\cdot(q_0-q_0^2)^{-\frac{1}{2}}+(2q_0-1)\left(-\frac{1}{2}\right)(q_0-q_0^2)^{-\frac{3}{2}}(-1+2q_0)\right]$$

$$=\frac{1}{2}\sigma_0(q_0-q_0^2)^{-\frac{3}{2}}\left(-2q_0^3+3q_0^2-q_0-\frac{1}{2}\sum_{i=1}^{n} q_i\right)$$

$$\frac{\partial^2 t_2}{\partial q_i^2}=\frac{1}{2}\sigma_0\left[\left(-\frac{3}{2}\right)(q_0-q_0^2)^{-\frac{5}{2}}(-1+2q_0)\left(-2q_0^3+3q_0^2-q_0-\frac{1}{2}\sum_{i=1}^{n} q_i\right)+(q_0-q_0^2)^{-\frac{3}{2}}\left(6q_0^2-6q_0+\frac{1}{2}\right)\right]$$

$$=\frac{1}{2}\sigma_0(q_0-q_0^2)^{-\frac{5}{2}}\left[\left(-\frac{1}{2}\right)\left(q_0-\frac{5}{4}\right)^2+\frac{1}{32}\right]\leqslant 0$$

令 $t_3=-\sum_{i=1}^{n} q_i\frac{\sigma}{2}(2q_i-1)(q_i-q_i^2)^{-\frac{1}{2}}=-\frac{\sigma}{2}\sum_{i=1}^{n}(2q_i^2-q_i)(q_i-q_i^2)^{-\frac{1}{2}}$，则

$$\frac{\partial t_3}{\partial q_i}=-\frac{\sigma}{2}(q_i-q_i^2)^{-\frac{3}{2}}\left(-2q_i^3+3q_i^2-\frac{1}{2}q_i\right)$$

$$\frac{\partial^2 t_3}{\partial q_i^2}=-\frac{\sigma}{2}(q_i-q_i^2)^{-\frac{5}{2}}\left(\frac{1}{2}q_i^2+\frac{1}{4}q_i\right)\leqslant 0$$

所以$\frac{\partial^2\pi_2}{\partial q_i^2}=\frac{\partial^2 t_1}{\partial q_i^2}+\frac{\partial^2 t_2}{\partial q_i^2}+\frac{\partial^2 t_3}{\partial q_i^2}\leqslant 0$，且$\frac{\partial^2\pi_2}{\partial q_i\partial q_j}=\frac{\partial^2 t_2}{\partial q_i^2}\leqslant 0(i\neq j)$。对于收益函数 $\pi_2(q)$ 的海塞矩阵，让$\frac{\partial^2\pi_2}{\partial q_i^2}=B_i\leqslant 0$，$\frac{\partial^2\pi_2}{\partial q_i\partial q_j}=A\leqslant 0$，且 $|B|=\min_i|B_i|$，

$|B| \geqslant |A|$。类似于引理4.1，$\pi_2(q_0, q_1, q_2, \cdots, q_n)$关于$q$是凹函数。

根据$\frac{\partial \pi_2(q)}{\partial q_i}=0$，有

$$2\alpha q_i+\gamma-v_0+\frac{1}{2}\sigma_0(q_0-q_0^2)^{-\frac{3}{2}}\left(-2q_0^3+3q_0^2-\frac{1}{2}q_0-\frac{1}{2}\right)-$$

$$\frac{\sigma}{2}(q_i-q_i^2)^{-\frac{3}{2}}\left(-2q_i^3+3q_i^2-\frac{1}{2}q_i\right)=0$$

因此，最优价格和市场份额可以通过式(5.18)求解。

根据命题5.2，当开发多个同质产品时，收益函数仍是凹函数，最优价格和最优选择概率也能被求解。同时发现，考虑网络效应时的最优价格和忽略网络效应时的最优价格是不同的。

5.2.3 异质产品的定价

不同于同质的情况，本节考虑所有产品的参数是不同的，即不同产品的质量水平(γ_i)、价格敏感系数(b_i)、网络效应参数(α_i)或者效用误差项的方差(σ_i^2)。

对于收益函数式(5.8)，产品线定价问题通过式(5.9)描述。下面的命题证明，即使所有产品的参数都是异质的并且网络效应存在，当$b_i=b(i=1, \cdots, n)$时，收益函数$\pi(q_0, q_1, q_2, \cdots, q_n)$关于选择概率$q$仍是凹函数。同时，最优价格和最优市场份额可以通过隐式方程组求解，根据对应的最优价格和最优市场份额，最大收益也可以通过式(5.8)求得。

命题5.3：对于每个产品$i(i=1, \cdots, n)$，当$b_i=b$时，收益函数$\pi(q_0, q_1, q_2, \cdots, q_n)$关于$q$是凹函数；最优价格和最优市场份额可以通过下面的隐式方程组求解：

$$\begin{cases}4(2\alpha_i q_i + y_i - v_0) + \sigma_0(q_0 - q_0^2)^{-\frac{3}{2}}(-4q_0^3 + 6q_0^2 - q_0 - 1) + \\ \sigma_i(q_i - q_i^2)^{-\frac{3}{2}}(4q_i^3 - 6q_i^2 + q_i) = 0 \\ p_i = \dfrac{1}{b}\left[y_i + \alpha_i q_i - v_0 + \dfrac{1}{2}\sigma_0(2q_0 - 1)(q_0 - q_0^2)^{-\frac{1}{2}} - \dfrac{1}{2}\sigma_i(2q_i - 1)(q_i - q_i^2)^{-\frac{1}{2}}\right] \\ q_0 = 1 - \sum\limits_{i=1}^{n} q_i \end{cases} \tag{5.19}$$

证明：分别考虑收益函数(5.8)的每个部分。

令 $w_1 = \sum\limits_{i=1}^{n} \dfrac{\alpha_i}{b_i} q_i^2$，$\dfrac{\partial w_1}{\partial q_i} = \dfrac{2\alpha_i}{b_i} q_i$，$\dfrac{\partial^2 w_1}{\partial q_i^2} = \dfrac{2\alpha_i}{b_i} \leqslant 0$。又有 $\sum\limits_{i=1}^{n} \dfrac{q_i}{b_i} \cdot (y_i - v_0)$ 关于 q_i 是线性的。

令 $w_2 = \sum\limits_{i=1}^{n} \dfrac{q_i}{b_i} \cdot \dfrac{\sigma_0}{2}(2q_0 - 1)(q_0 - q_0^2)^{-\frac{1}{2}}$，则

$$\frac{\partial w_2}{\partial q_i} = (q_0 - q_0^2)^{-\frac{3}{2}}\left[-\frac{\sigma_0}{4}\sum_{i=1}^{n}\frac{q_i}{b_i} + \frac{\sigma_0}{2b_i}(-q_0 + 3q_0^2 - 2q_0^3)\right]$$

$$\frac{\partial^2 w_2}{\partial q_i^2} = (q_0 - q_0^2)^{-\frac{5}{2}}\left[\frac{3\sigma_0}{8}(2q_0 - 1)\sum_{i=1}^{n}\frac{q_i}{b_i} - \frac{\sigma_0}{2b_i}(q_0 - q_0^2)\right]$$

当 $b_i = b$ 时，

$$\frac{\partial^2 w_2}{\partial q_i^2} = (q_0 - q_0^2)^{-\frac{5}{2}} \cdot \frac{\sigma_0}{8b}(-2q_0^2 + 5q_0 - 3)$$

$$= (q_0 - q_0^2)^{-\frac{5}{2}} \cdot \frac{\sigma_0}{8b}\left[-2\left(q_0 - \frac{5}{4}\right)^2 + \frac{1}{8}\right] \leqslant 0$$

令 $w_3 = -\sum\limits_{i=1}^{n} \dfrac{\sigma_i}{2b_i}(2q_i^2 - q_i)(q_i - q_i^2)^{-\frac{1}{2}}$，则

$$\frac{\partial w_3}{\partial q_i} = \frac{\sigma_i}{2b_i}(1 - 4q_i)(q_i - q_i^2)^{-\frac{1}{2}} - \frac{\sigma_i}{4b_i}(q_i - 4q_i^2 + 4q_i^3)(q_i - q_i^2)^{-\frac{3}{2}}$$

$$= -\frac{\sigma_i}{2b_i}(q_i - q_i^2)^{-\frac{3}{2}}\left(-2q_i^3 + 3q_i^2 - \frac{1}{2}q_i\right)$$

$$\frac{\partial^2 w_3}{\partial q_i^2} = \frac{\sigma_i}{8b_i}(q_i - q_i^2)^{-\frac{5}{2}}(-2q_i^2 - q_i) \leqslant 0$$

所以当 $b_i = b$ 时，$\frac{\partial^2 \pi(q)}{\partial q_i^2} \leqslant 0$，且$\frac{\partial^2 \pi(q)}{\partial q_i \partial q_j} = \frac{\partial^2 w_2}{\partial q_i^2} \leqslant 0 (i \neq j)$。类似于引理4.1的证明，$\pi(q_0, q_1, q_2, \cdots, q_n)$关于 q 是凹函数。由$\frac{\partial \pi(q)}{\partial q_i} = 0$，有

$$\frac{\partial \pi}{\partial q_i} = \frac{1}{b} \cdot (2\alpha_i q_i + \gamma_i - v_0) + \frac{\sigma_0}{4b}(q_0 - q_0^2)^{-\frac{3}{2}}(-4q_0^3 + 6q_0^2 - q_0 - 1) +$$

$$\frac{\sigma_i}{4b}(q_i - q_i^2)^{-\frac{3}{2}}(4q_i^3 - 6q_i^2 + q_i) = 0$$

上述方程被简化为

$$4(2\alpha_i q_i + \gamma_i - v_0) + \sigma_0(q_0 - q_0^2)^{-\frac{3}{2}}(-4q_0^3 + 6q_0^2 - q_0 - 1) + \sigma_i(q_i - q_i^2)^{-\frac{3}{2}}(4q_i^3 - 6q_i^2 + q_i) = 0$$

因此最优市场份额和最优价格可以通过隐式方程(5.19)求得。

在异质的场景中，当不同产品的价格敏感系数都相同时，收益函数关于选择概率是凹函数。同时，不同产品的最优价格一般是不同的。

5.3 数值实验

本小节通过数值实验研究网络效应参数对最优解的影响。首先，研究了在开发一个产品、同质产品和异质产品的情况下，不同参数的变化对最优解的影响。其次，分析了网络效应存在时，在产品定价问题中考虑网络效应的重要性。最后，在网络效应参数估计存在误差的情况下，测试了解的鲁棒性。

5.3.1 不同参数对最优解的影响分析

本节研究了在开发不同产品数量的多种情况下，不同参数对产品的最优价格、最优市场份额和最优收益的影响。

5.3.1.1 开发一个产品

本部分首先研究只开发一个产品时，不同参数的变化对最优结果的影响。为了便于分析，考虑只有一个参数改变而其他参数保持不变的情况。

为了分析网络效应参数对最优解的影响，设 α 的变化范围为[-10, 0]，其他参数被设置为 $\gamma=2$，$b=1$，$\sigma=1$，$v_0=0.5$。最优解随着网络效应参数 α 的变化而变化的趋势如图 5-1 所示。

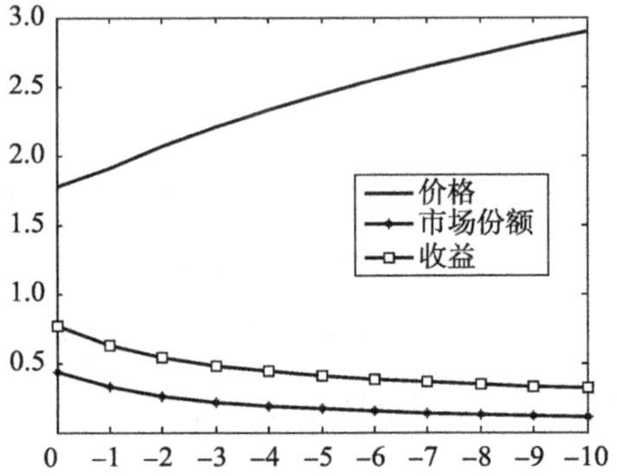

图 5-1 最优解随着网络效应参数的变化而变化的情况

如图 5-1 所示，随着网络效应参数的减小，最优价格逐渐升高，最优市场份额或收益逐渐下降，这意味着网络效应是产品开发的关键因素。如果网络效应几乎可以忽略不计，最优价格相对较低，对应的市场份额较大，收益较高。由于仅考虑负的网络效应，当网络效应绝对值增大时，最优价格可能会更高，但相应的市场份额和收益都在逐渐减少。

下面将分析当网络效应存在时，产品的质量对最优解的影响。假设产品的质量 γ 位于[1, 10]，令 $\alpha=-2$，$b=1$，$\sigma=1$，$v_0=0.5$。图 5-2 给出了最优解随质量的变化而变化的情况。

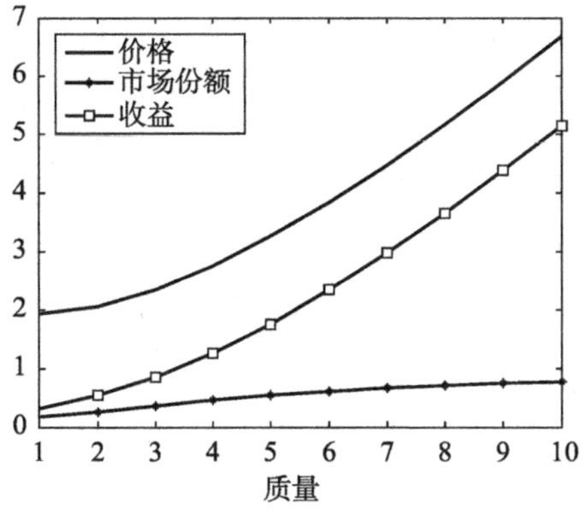

图 5-2 最优解随质量的变化而变化的情况

从图 5-2 中可以发现，最优价格、对应的市场份额和收益都是随着质量的增加而逐渐增加的。即使网络效应存在，在不考虑开发成本的情况下，提高质量对卖方也是有好处的。由于质量提高，产品的价格可以设置得较高，相应的市场份额变大，收入也会增加。

接下来研究网络效应存在时，价格敏感系数对最优解的影响。假设 $b\in[0.1,\ 5]$，$\alpha=-2$，$\gamma=2$，$\sigma=1$，$v_0=0.5$。图 5-3 给出了最优解随着价格敏感系数 b 的变化而变化的趋势。

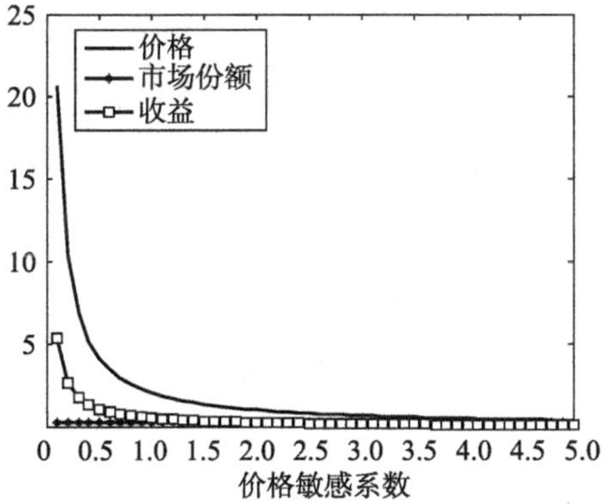

图 5-3 最优解随着价格敏感系数的变化而变化的情况

如图 5-3 所示，当考虑网络效应时，随着价格敏感系数变大，最优价格和最优收益都下降，但对应的市场份额保持不变，因为市场份额与价格敏感系数无关。当顾客对价格的敏感性较低时，价格能设置得高一些，获得的收益也较大。但是，当顾客对产品价格的敏感性较高时，最优价格应该设置得低一些，这时，最优价格和最优收益都将趋于0。

为了分析效用误差项的方差对最优解的影响，设置 $\sigma \in [0.1,\ 5]$，$\alpha=-2$，$\gamma=2$，$b=1$，$v_0=0.5$。图5-4描述了最优解随着效用误差项的方差 σ 的变化而变化的情况。

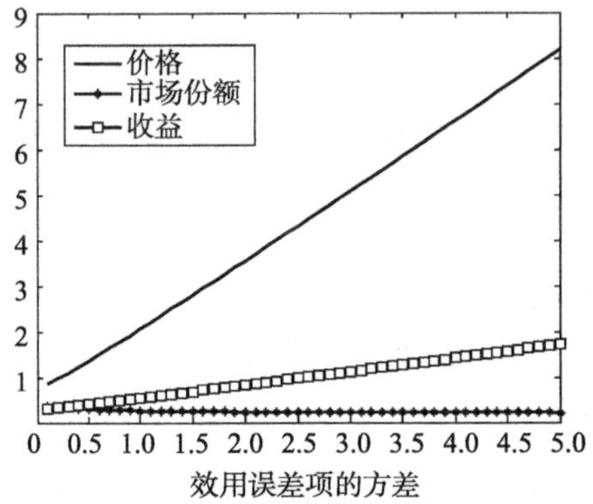

图5-4　最优解随着效用误差项的方差的变化而变化的趋势

由图5-4可知，随着效用误差项方差的增大，最优价格和收益增大，市场份额减小。这意味着如果估计的效用有很大的误差，产品的价格可能会上升，收入也增加，但相应的市场份额会下降。

当不同的产品具有同质系数时，即使存在网络效应，不同参数对最优解(最优价格、最优市场份额或最优收益)的影响与开发一种产品时的影响也是相似的。接下来将研究当所有产品都具有异质系数且存在网络效应时，最优解随着不同参数的变化而变化的趋势。

5.3.1.2　异质情况

在所有产品均为异质且存在网络效应情况下，研究不同参数对最优解的影响。不失一般性，假设仅开发两个产品投放到市场中。

首先，考虑网络效应参数对最优解的影响。为了便于说明，假设两个产品的网络效应参数相同，且 $\alpha_1=\alpha_2\in[-10, 0]$。令 $y_1=2$，$y_2=3$，$b=1$，$v_0=0.5$，$\sigma_0=0.5$，$\sigma_1=1$，$\sigma_2=0.8$。图 5-5 描述了最优解随着网络效应参数的变化而变化的情况。

如图 5-5 所示，最优价格、最优市场份额和最优收益的变化是不同的。随着网络效应的下降，两个产品的最优价格先下降然后增加，两个产品各自的市场份额和总市场份额逐渐下降，两个产品各自的最优收益和总收益也逐渐减少。当网络效应较小时，最优价格应该设置得高一些，但是对应的市场份额减少，这与开发一个产品是类似的。

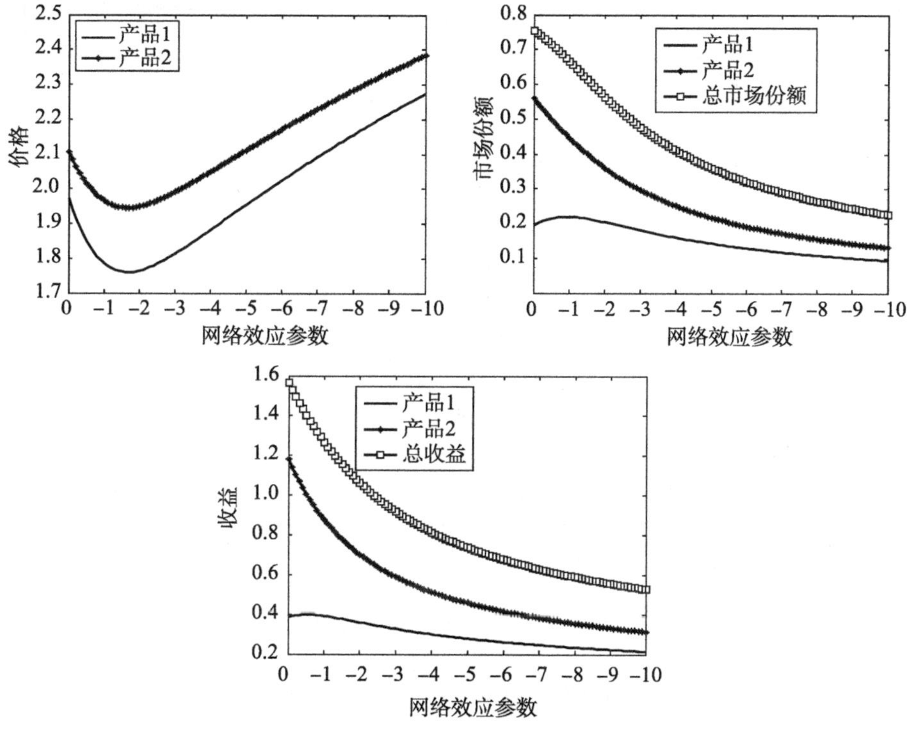

图 5-5　网络效应参数对最优解的影响

其次，研究当网络效应存在时，最优解随着产品质量的变化而变化的情况。假设两个产品的质量是相同的，且 $y_1=y_2\in[1, 10]$。令 $\alpha_1=-2$，$\alpha_2=-1$，$b=1$，$v_0=0.5$，$\sigma_0=0.5$，$\sigma_1=1$，$\sigma_2=0.8$。图 5-6 给出了最优解

随着产品质量的变化而变化的情况。

从图 5-6 可以看出，最优价格、相应的市场份额和最优收益随着质量的提高而逐渐上升，这种趋势与开发一个产品的情况相同。对于卖家来说，如果能提高产品的质量，就可以设定更高的销售价格，从而增加市场份额和收益。

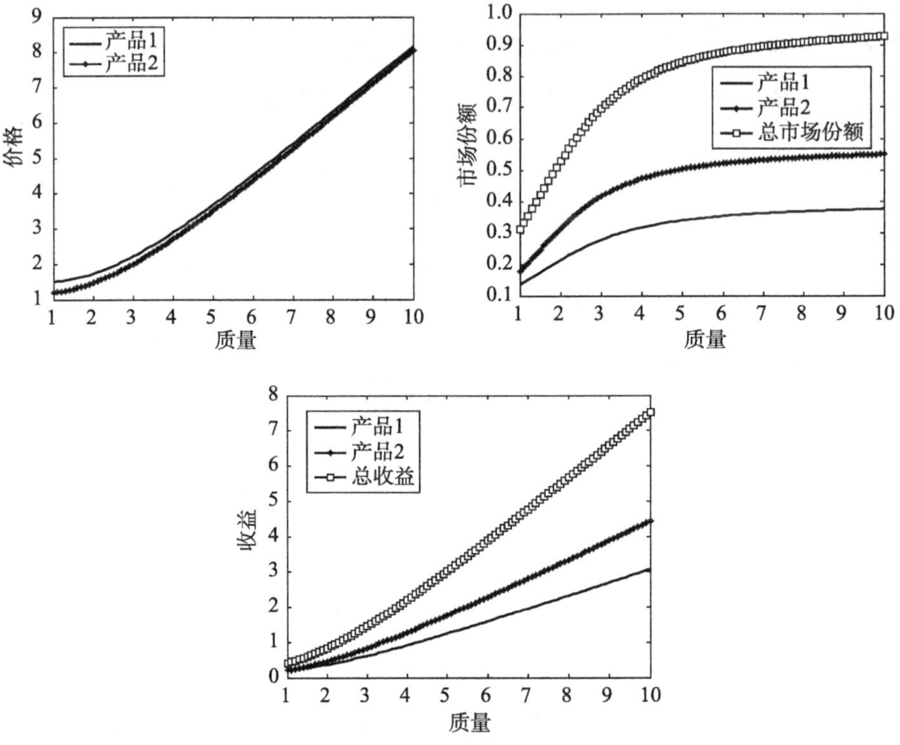

图 5-6　产品的质量对最优解的影响

再次，分析了价格敏感系数对最优解的影响。假设 $b \in [0.1,\ 5]$，$\alpha_1=-2$，$\alpha_2=-1$，$y_1=2$，$y_2=3$，$v_0=0.5$，$\sigma_0=0.5$，$\sigma_1=1$，$\sigma_2=0.8$。图 5-7给出了当网络效应存在时，最优解随着价格敏感系数的变化而变化的情况。

从图 5-7 可以看出，当价格敏感系数变大时，最优价格和最优收益都变小，但相应的市场份额保持不变。对于市场份额，可以从命题 5.3 中发

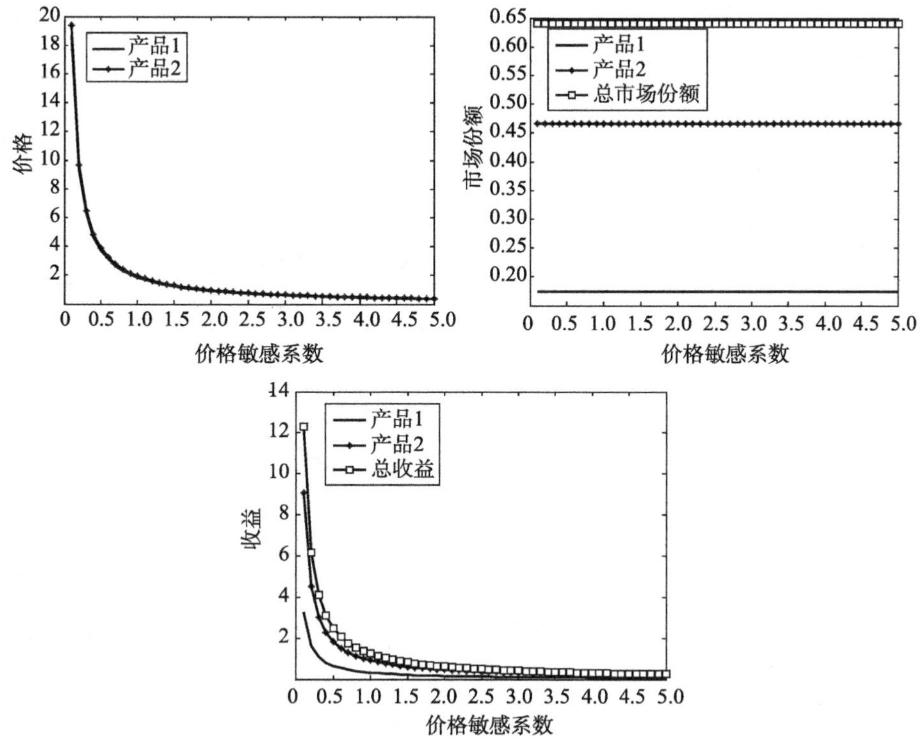

图 5-7　价格敏感系数对最优解的影响

现市场份额与价格敏感系数无关。此外，当顾客的价格敏感性较大时，卖方应通过降价来获得最优收益。

最后，研究了网络效应存在时效用误差项方差对最优解的影响。假设效用误差项的方差都是一致的，即 $\sigma_0=\sigma_1=\sigma_2\in[0.1,\ 10]$。令 $\alpha_1=-2$，$\alpha_2=-1$，$y_1=2$，$y_2=3$，$v_0=0.5$，$b=1$。图 5-8 描绘了最优解随着效用误差项方差的变化而变化的趋势。

从图 5-8 可以看出，最优价格、最优市场份额和最优收益的变化是不同的。随着效用误差项方差变大，两个产品的最优价格增加，两个产品各自的市场份额和总市场份额下降，产品 1 的收益逐渐增加，而产品 2 的收益和总收益先降低一点，然后逐渐增加。可以看出，估计效用的方差会影响产品的价格、市场份额和收益。

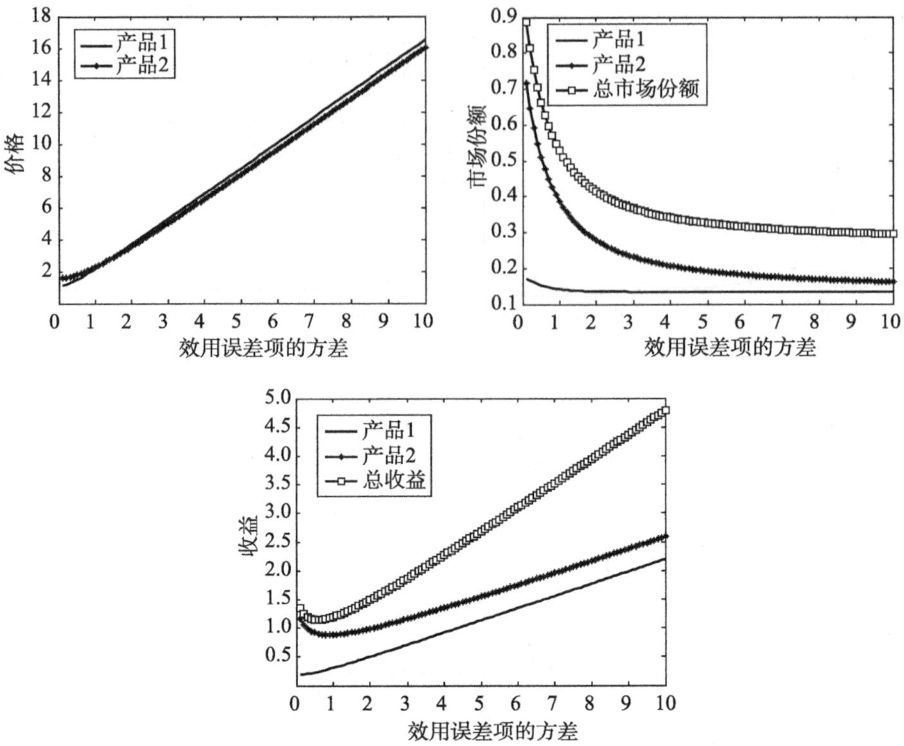

图 5-8　效用误差项方差对最优解的影响

5.3.2　网络效应研究的必要性

在网络效应确实存在的前提下，网络效应对产品线定价决策的影响不容忽视，否则，卖家将遭受一定的损失。该试验由三部分数值实验组成，分别是开发一个产品、同质产品和异质产品。

当开发一个产品时，令 $\gamma=2$，$b=1$，$\sigma=1$，$v_0=0.5$。对于同质产品的情况，假设仅开发两个产品，且 $\gamma=2$，$\sigma=1$，$v_0=0.5$。对于异质产品的情况，同样也是开发两个产品，且 $\gamma_1=2$，$\gamma_2=3$，$b=1$，$v_0=0.5$，$\sigma_0=0.5$，$\sigma_1=1$，$\sigma_2=0.8$。假设网络效应参数 $\alpha\in[-10,\ 0]$。考虑网络效应时不同情形下最优收益的比较见表 5-1。

表 5-1 考虑网络效应时不同情形下最优收益的比较

α	0	−1	−2	−3	−4	−5	−10
π_1	0.7666	0.6248	0.5393	0.4822	0.4409	0.4093	0.3182
π_1^0	0.7666	0.6225	0.5320	0.4694	0.4231	0.3872	0.2823
$l_1(\%)$	0	0.37	1.35	2.65	4.04	5.40	11.28
π_2	1.0469	0.9166	0.8217	0.7507	0.6957	0.6517	0.5171
π_2^0	1.0469	0.9160	0.8188	0.7442	0.6850	0.6368	0.4848
$l_2(\%)$	0	0.07	0.35	0.87	1.54	2.29	6.25
π	1.5646	1.2679	1.0610	0.9171	0.8140	0.7368	0.5280
π^0	1.5646	1.2583	1.0531	0.9138	0.8132	0.7368	0.5222
$l(\%)$	0	0.76	0.74	0.36	0.10	0	1.10

在表 5-1 中，最优收益 π_1、π_2 和 π 的值分别通过命题 5.1、命题 5.2 和命题 5.3 求得，π_1^0、π_2^0 和 π^0 表示没有考虑网络效应时对应的收益。其中价格 p^0 由命题 5.1、命题 5.2 和命题 5.3 且当 $\alpha=0$ 时求得，对应的市场份额 q^0 由带有实际 α 的式(5.5)得到。一般情况下，$q^0\neq q$，除非实际的网络效应参数是 0。没有考虑网络效应的收益由 $p^0\cdot q^0$ 计算获得。l_1、l_2 和 l 表示没有考虑网络效应时的收益损失。

从表 5-1 中可以看出，无论开发一个产品、同质产品还是异质产品，考虑网络效应的最优收益均大于不考虑网络效应但确实存在的收益。当 $\alpha=-10$时，损失高达 11%。随着网络效应参数的减小，损失可能会增大。因此，如果产品存在网络效应，在定价决策时需要考虑网络效应，否则卖家可能会遭受一定的损失。

5.3.3 解的鲁棒性

本小节研究了网络效应参数存在一定的估计误差时，收益的鲁棒性。不失一般性，仅考虑同质情况。假设卖家对网络效应参数有一个估计$\bar{\alpha}$，根据$\bar{\alpha}$做出的定价决策是$\tilde{p}(\tilde{q})$。但是实际的网络效应参数是α，根据定价$\tilde{p}(\tilde{q})$，α对应的市场份额是$\bar{q}$。如果$\alpha=\bar{\alpha}$，则$\bar{q}=\tilde{q}$。否则，$\bar{q}$和$\tilde{q}$通常是不同的。实际获得的收益是$\tilde{\pi}=\tilde{p}(\tilde{q})\cdot\bar{q}$。

对于产品为同质的场景，假设仅开发两个产品。令$\gamma=2$，$\sigma=1$，$v_0=0.5$。定义$l=100\times(\pi^*-\tilde{\pi})/\pi^*$为收益损失，其中$\pi^*$表示网络效应参数没有任何估计误差时的最优收益。表 5-2 给出了收益和损失的结果。

表 5-2　收益的鲁棒性

$\bar{\alpha}$	-2.5	-2.8	-3	-3.2	-3.5	-3.8
$\alpha=-2.8$						
$\tilde{\pi}$	0.7633	0.7634	0.7634	0.7633	0.7629	0.7625
$l(\%)$	0.01	0	<0.01	0.01	0.07	0.12
$\alpha=-3.5$						
$\tilde{\pi}$	0.7207	0.7211	0.7214	0.7215	0.7216	0.7215
$l(\%)$	0.12	0.07	0.03	0.01	0	0.01

如表 5-2 所示，当网络效应参数存在一定的估计误差时，收益表现出良好的鲁棒性。从表中可以看出，收益损失最高的是 0.12%，而大多数都低于 0.1%。从图 5-1 中也可以看出，随着网络效应的变化，收益曲线相对平稳。当网络效应参数的估计误差在合理范围内时，可以获得最优的鲁棒收益。因此，本章提出的模型具有很好的鲁棒性。

5.4　本章小结

在电子商务飞速发展的今天，复杂的网络效应对新产品开发和定价的影响不容忽视。有的产品带有正的网络效应，有的产品带有负的网络效应。MNL 模型是最广泛使用的顾客选择模型之一，但它的假设在某些实际情况下无法满足。因此，本章研究基于 MMM 的考虑负的网络效应的产品线定价问题，主要贡献如下：

(1)利用带有负网络效应的 MMM 模型模拟顾客在产品线定价问题中的选择行为。在顾客的效用函数中，加入了一个由网络效应系数和产品销售量组成的网络效应项。

(2)在开发单个产品、同质产品和异质产品的不同情况下，证明了考虑网络效应时，收益函数关于变量市场份额是凹函数，并分别给出了最优价格、最优市场份额和最优收益的求解方程。

(3)通过数值实验，首先，描述了网络效应参数、产品质量、价格敏感系数、效用误差项方差等不同参数对最优解的变化影响；其次，分析了产品线定价中考虑网络效应的重要性；最后，为了验证该模型的适用性，在网络效应参数估计存在误差时，测试了最优解的鲁棒性。

第6章

考虑负效用的产品线定价研究

6.1 引言

关于产品线设计优化的大多数文献在使用概率型选择模型时都假设顾客选择每个产品的概率是非零的[61,70]。也就是说，无论顾客购买一个产品获得的效用多小，甚至是负的，仍旧有顾客购买这个产品，这个产品仍获得一定的市场份额，但这与实际是明显不符的。顾客没有理由购买一个带有负效用的产品，即购买后给他带来损失的产品。

一些学者对负效用问题进行了研究。Sudharshan 等[68]基于多尺度分析建立了一个产品定位模型，这个模型限制只有 k 个距离理想点最近的产品被选择，其他产品的被选择概率是 0。Kraus 和 Yano[63]在建立剩余份额选择模型时也考虑了负效用问题，在模型中，负效用被约束，即如果顾客从一个产品中获得负效用，他将不会购买这个产品，该产品的选择概率为 0。Luo 等[73]在研究最优产品定位问题时也考虑了负效用，为了求解负效用问题，他们基于 MNL 模型引入了一个分段函数。

虽然有一些文献基于概率型选择模型研究负效用的产品线问题，但是还没有人基于 MMM 考虑负效用的研究。因此，本章基于 MMM 研究了考虑负效用的产品线定价问题，探索了最优解和几个影响因素之间的关系，包括竞争产品的价格、开发成本、顾客获得效用的方差和竞争产品的效用。

6.2 基于 MMM 的产品线定价

6.2.1 问题描述

在这部分，基于改进的 MMM 的产品线定价模型被建立。优化问题的目标是最大化总利润(总收益-总成本)。假设公司有能力生产所有的 J 个潜在的产品，定义 c_j 是产品 $j(j=1, \cdots, J)$ 的可变成本。公司决定每个产品的价格 $p_j(j=1, \cdots, J)$，市场中一共有 I 个细分市场，每个细分市场包括同质的顾客，细分市场 $i(i=1, \cdots, I)$ 有 Q_i 个顾客。细分市场 i 对产品 j 的偏爱通过效用 u_{ij} 表示。一个顾客至多选择一个产品，他可能购买产品线中的任一产品，也可能购买竞争产品。假设竞争者在短期内不会对新产品做出反应，同时假设市场中有 $K(k=1, \cdots, K)$ 个竞争产品，产品没有价格歧视。

6.2.2 改进的 MMM

Natarajan 等[15]提出了一个新的离散选择模型——Marginal Moment Model (MMM)。假设顾客 i 购买产品 j 得到的效用被表示为：

$$u_{ij}=v_{ij}+\varepsilon_{ij} \tag{6.1}$$

其中，v_{ij} 表示与产品的已知属性相关的确定效用，ε_{ij} 表示没有考虑到的因素导致的模型的随机误差。假设误差 ε_{ij} 的均值 0 和方差 σ_{ij}^2 是已知的，即效用 u_{ij} 的均值 v_{ij} 和方差 σ_{ij}^2 已知。根据 MMM，选择概率被表示为：

$$q_{ij}=\frac{1}{2}\left(1+\frac{v_{ij}-\lambda_i}{\sqrt{(v_{ij}-\lambda_i)^2+\sigma_{ij}^2}}\right) \tag{6.2}$$

其中，拉格朗日乘子 λ_i 通过下面方程求解

$$\sum_{j=1}^{J}\frac{1}{2}\left(1+\frac{v_{ij}-\lambda_i}{\sqrt{(v_{ij}-\lambda_i)^2+\sigma_{ij}^2}}\right)=1 \tag{6.3}$$

当顾客购买产品时，他更关心他得到的实际效用。即在支付价格后，顾客获得的剩余效用 $v_{ij}-p_j$。考虑剩余效用，改进 MMM(IMMM)的选择概率是

$$q_{ij}=\frac{1}{2}\left(1+\frac{v_{ij}-p_j-\lambda_i}{\sqrt{(v_{ij}-p_j-\lambda_i)^2+\sigma_{ij}^2}}\right) \tag{6.4}$$

其中，λ_i 通过下面方程求解

$$\sum_{j=1}^{J}\frac{1}{2}\left(1+\frac{v_{ij}-p_j-\lambda_i}{\sqrt{(v_{ij}-p_j-\lambda_i)^2+\sigma_{ij}^2}}\right)=1 \tag{6.5}$$

在 IMMM 中，用更加符合实际的剩余效用代替感知效用。在下面的产品线定价模型中，假设参数 v_{ij}、c_j、Q_i 是常数。因此，为了求解利润最大化的产品线优化模型的最优价格，考虑剩余效用的改进 MMM 是非常必要的。

6.2.3 产品线优化模型

利润最大化的产品线优化问题的模型被建立为：

$$\max\sum_{i=1}^{I}\sum_{j=1}^{J}Q_i(p_j-c_j)\cdot q_{ij} \tag{6.6}$$

$$\text{s.t.}\ \sum_{k=1}^{K}q_{ik}+\sum_{j=1}^{J}q_{ij}=1(i=1,\ 2,\ \cdots,\ I) \tag{6.7}$$

其中

$$q_{ij}=\frac{1}{2}\left(1+\frac{v_{ij}-p_j-\lambda_i}{\sqrt{(v_{ij}-p_j-\lambda_i)^2+\sigma_{ij}^2}}\right)(i=1,\ 2,\ \cdots,\ I;\ j=1,\ 2,\ \cdots,\ J) \tag{6.8}$$

其中，q_{ik}表示细分市场 i 选择竞争产品 k 的概率，且

$$q_{ik}=\frac{1}{2}\left(1+\frac{v_{ik}-p_k-\lambda_i}{\sqrt{(v_{ik}-p_k-\lambda_i)^2+\sigma_{ik}^2}}\right)\ (i=1,\ 2,\ \cdots,\ I;\ k=1,\ 2,\ \cdots,\ K) \tag{6.9}$$

其中，v_{ik}和σ_{ik}^2的定义类似于v_{ij}和σ_{ij}^2，p_k 定义竞争产品 k 的价格。

6.2.4 考虑负效用的优化模型

MMM 被用来模拟顾客的选择行为，这个概率模型假设顾客对所有产品的选择概率是非零的。换句话说，无论产品的效用多小，甚至是负的，仍旧有顾客购买这个产品，这个产品仍占有一定的市场份额，这明显与实际不相符。顾客没有理由购买一个带有负效用的产品，即购买后带给自己损失的产品。

因此，假设顾客是理性的，他们不会购买带有负效用的产品。根据 IMMM，模型(6.6)和模型(6.7)中的顾客选择概率被修正为

$$q_{ij}=\begin{cases}\frac{1}{2}\left(1+\frac{v_{ij}-p_j-\lambda_i}{\sqrt{(v_{ij}-p_j-\lambda_i)^2+\sigma_{ij}^2}}\right), & \text{if } v_{ij}-p_j\geqslant 0\\ 0, & \text{else}\end{cases} \tag{6.10}$$

6.3 数值实验

在本节中，通过一个数值实验测试优化模型的有效性。首先，测试基于 IMMM 的产品线优化模型的解的性能；其次，比较 IMMM 和带有负效用模型的解；最后，分析了最优解和几个参数间的关系。

6.3.1 产品线模型的最优解

为了评估模型的性能，选择类似于 Kraus 和 Yano[63] 的三种类型问题表示不同类别的真实问题。

第一个问题称为“随机”型，它反映不同细分市场对特殊的产品有特殊的偏爱、对其他产品不喜欢的情况，他们的购买意愿没有明显的模式。和Kraus 和 Yano[63]类似，假设效用 v_{ij} 服从一个均匀分布 $U[\$1, \$100]$。定义 $v_j = \max_i\{v_{ij}\}$ 和 $\alpha_j \sim U[0.05, 0.2]$，成本被定义为 $c_j = \alpha_j \cdot v_j$，细分市场规模为 $Q_i \sim U[50, 100]$。第二个问题称为“富-穷”型，富裕的细分市场可以负担更昂贵的产品(反映为更高的效用)，这个场景反映顾客对大的预算项目和奢侈品的购买行为。顾客的效用被定义为 $v_{ij} = (b_{ij} + \$100) \times i/I$，其中，$b_{ij} \sim U[\$0, \$100]$，$I$ 是细分市场的总数。成本 c_j 的产生与随机场景一致，细分市场规模为 $Q_i = [f_{ij} \times (I-i)/I] + 50$，其中，$f_{ij} \sim U[0, 100]$。第三个问题称为“质量”型，一个带有更多特征和更高生产成本的产品被所有的细分市场偏爱。成本 $c_j \sim U[\$5, \$20]$，效用 $v_{ij} = b_{ij} \cdot c_j$，其中，$b_{ij} \sim U[1.0, 1.5]$，市场规模 $Q_i \sim U[50, 100]$。

对于每个问题，分别生成五个产品和五个细分市场，假设市场中有一个来自其他公司的竞争产品。令 $\sigma_{ij}^2 = \sigma_{ik}^2 = 1$，参数 v_{ij}、c_j、Q_i、v_{ik}、p_k 的值参见附录。

表 6-1 给出了基于改进 MMM 的优化模型的最优解，每个问题的结果被分别获得，这里的结果是在没有考虑负效用问题情况下获得的。在表中，“价格 1”表示产品 1 的最优价格，“价格 2”表示产品 2 的最优价格，其他类似；“利润”表示基于五个产品的开发公司获得的总的最优利润；“标准差”通过将最优解代入式(6.7)获得。根据表 6-1 发现标准差都是相当小的，这表明产品线优化模型是合理的，改进的 MMM 能获得满意的结果。

表 6-1　基于改进 MMM 的优化模型的最优解($)

	随机	富-穷	质量
价格 1	86.9671	38.7490	12.4303
价格 2	70.5216	27.6296	15.6424
价格 3	89.0246	44.8547	12.4710

续表

	随机	富-穷	质量
价格 4	96.6335	49.5923	16.8979
价格 5	79.2664	41.1493	14.8748
利润	1.8383e+04	7.0480e+03	821.5476
标准差	1.7638e-06	7.0051e-06	2.0069e-05

在 IMMM 和 MMM 中考虑负效用的最优解被列示在表 6-2 中。首先，比较考虑负效用的 IMMM 和没有考虑负效用的 IMMM 的最优解。如表 6-2 所示，标准差都是相当小的，所以最优解是令人满意的。但是，和表 6-1 中的最优利润比较，考虑负效用模型的一些利润减少，一些利润增加。这是因为，无论公司开发的是新产品还是竞争产品，都有一些顾客获得负效用，另外一些顾客获得非负的效用，而且顾客的效用被随机产生。当考虑负效用的影响时，一些产品有更大的市场份额，而其他产品的市场份额变小。因此考虑负效用的模型中一部分利润增加，一部分利润减少。

其次，比较在 IMMM 和 MMM 中考虑负效用的产品线定价模型的最优解。从表 6-2 中可以发现，MMM 中的最优价格均高于 IMMM 中的最优价格。但是，在 MMM 中的最优利润不总是更大的。在“富-穷”和“质量”问题中，MMM 的利润大于 IMMM 的利润，但是在“随机”问题中，MMM 的利润更小。如果在产品线定价问题中不考虑顾客的剩余效用，价格通常被设置得较高，但是获得的利润不总是更大。因此在 MMM 中考虑剩余效用和负效用都是很有必要的。

表 6-2 在 IMMM 和 MMM 中考虑负效用的最优解（$）

	IMMM			MMM		
	随机	富-穷	质量	随机	富-穷	质量
价格 1	72.5068	100.0097	10.0000	99.7274	174.9996	13.0989
价格 2	70.6361	89.9248	13.4861	85.2523	167.3633	18.0223

续表

	IMMM			MMM		
	随机	富-穷	质量	随机	富-穷	质量
价格 3	67.9154	86.3661	11.7294	99.9828	161.8307	28.4428
价格 4	90.0022	92.4309	15.3395	91.3554	106.8136	16.4759
价格 5	57.9145	64.5519	24.7581	84.4861	67.4710	13.6152
利润	1.7730e+04	1.6150e+04	716.5287	1.7280e+04	1.8505e+04	1.4936e+03
标准差	2.7908e-04	4.6583e-06	1.4055e-05	6.9844e-05	1.4697e-05	6.2792e-04

6.3.2 不同参数对最优解的影响分析

6.3.2.1 竞争产品价格对最优解的影响

为了进一步分析最优解和竞争产品价格间的关系，假设竞争产品的价格服从一系列折扣变化，然后通过实验观察新产品的最优价格和利润的改变。图 6-1 显示了最优价格随着竞争产品价格下降而改变的趋势，由于计算误差的存在，忽略曲线中小的改变，只观察曲线的总体变化趋势。

从图 6-1 中能发现三个类型问题的最优价格和竞争产品价格之间的关系。随着竞争产品的价格下降，“随机”和“质量”问题中产品价格的总体趋势是下降的，“富-穷”问题中产品价格的总体趋势上升。

“随机”问题描述顾客购买产品的不确定行为。当竞争产品的价格下降时，顾客对于新产品的偏爱可能改变。由于顾客不确定的购买行为，在产品的质量相似的前提下，大多数顾客偏爱低价格的产品。因此，当竞争产品的价格下降时，为了占据一定的市场份额，新产品的价格也将下降。

“富-穷”问题反映顾客对于大的预算项目和奢侈品的购买行为，富裕的细分市场能负担更昂贵的产品。由于富裕细分市场的特征，他们更偏爱高价格的产品。当竞争产品的价格下降时，为了吸引富裕的细分市场，新产品的价格将被提高。

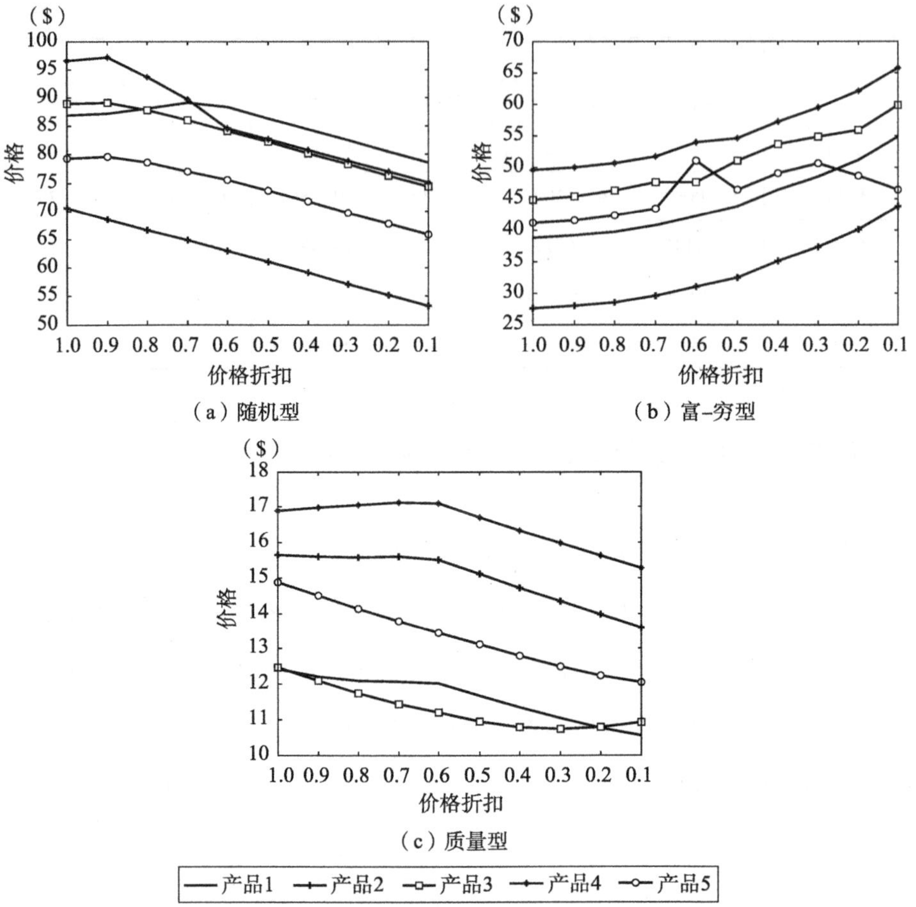

图 6-1　最优价格和竞争产品价格的关系

“质量”问题反映顾客对于产品特征的偏爱，顾客偏爱带有更多特征、耗费更多生产成本的产品。当产品的特征不改变时，顾客更倾向于价格较低的产品。当产品的质量不变，并且竞争产品的价格下降时，公司为了保证利润应该降低产品的价格。

图 6-2 描述了最优利润随着竞争产品价格的变化而变化的情况。随着竞争产品的价格下降，“随机”问题和“质量”问题的利润逐渐下降，但“富-穷”问题的利润逐渐上升，这与图 6-1 的结论一致。由于竞争产品的价格下降，为了占据一定的市场份额，“随机”问题和“质量”问题的产品价格都

降低，因此利润也下降；但是“富-穷”问题的产品价格提升，因此利润也逐渐增加。

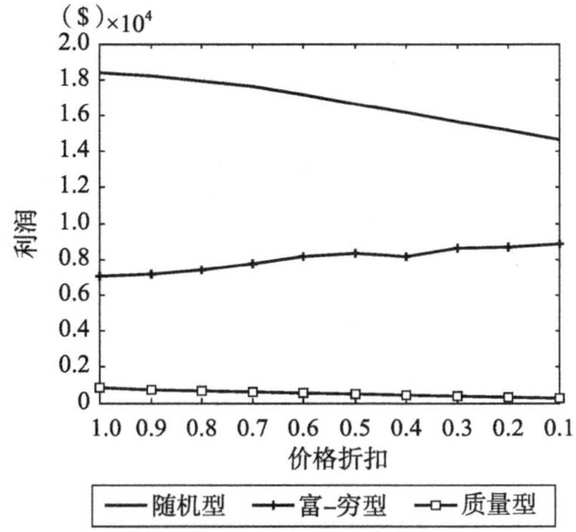

图 6-2　最优利润和竞争产品价格的关系

6.3.2.2　效用方差对最优解的影响

为了研究最优解和效用方差的关系，新产品和竞争产品的效用方差被假设是相等的，且服从一系列改变，即 $\sigma_{ij}^2=\sigma_{ik}^2=1$，2，3，4，5，6，7，8，9，10，图 6-3 和图 6-4 显示了价格和利润随着效用方差的改变而改变的情况。

图 6-3 显示了三种类型问题中最优价格随着效用方差改变而变化的曲线。随着效用方差增加，在“随机”和“富-穷”问题中，一些产品的价格下降，另一些产品的价格逐渐增加，顾客对产品的效用在“随机”和“富-穷”问题之间没有固定的规则。不同产品对于一个顾客的效用可能是不同的，同一个产品对多个顾客的效用可能也是不同的，不同顾客对不同产品有特殊的偏爱。但是，在“质量”问题中，价格曲线随着效用方差的增加逐渐上升，较大的方差导致较高的产品价格。如果公司获得顾客效用的数据有较大的偏差，在“质量”问题中产品的最优价格也将设置得更高。

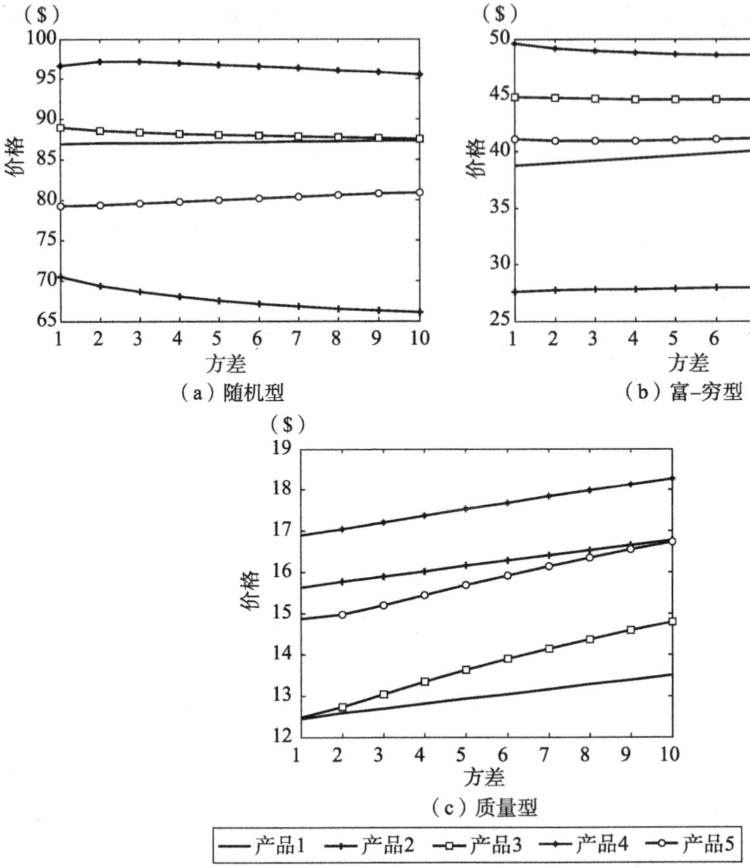

图 6-3 最优价格和效用方差的关系

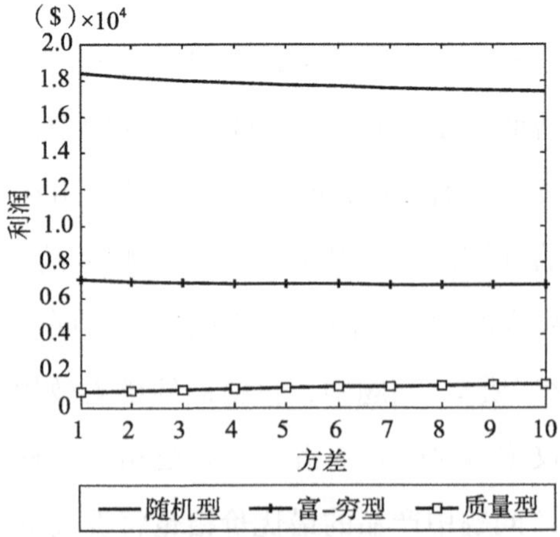

图 6-4 最优利润和效用方差的关系

图 6-4 显示了最优利润随着效用方差的变化而变化的情况。随着效用方差增加，“随机”和“富-穷”问题的利润逐渐下降，而“质量”问题的利润逐渐增加。也就是说，效用的估计对公司的利润有一定的影响。如果公司对顾客效用的调查数据是不可靠的且有较大的偏差，在“随机”和“富-穷”问题中公司能获得较少的利润，在“质量”问题中公司能获得更多的利润。因此，在定价决策过程中，公司最好知道效用估计的准确程度，再设置价格，以获得更优的利润。

6.3.2.3 开发成本对最优解的影响

随着科技的不断发展，公司有能力减少新产品的开发成本。当竞争产品存在时，通过数值实验研究最优解随着成本减少的变化情况。新产品的开发成本被假设分别改进了 2%、5%、8%和 10%，图 6-5 和图 6-6 显示

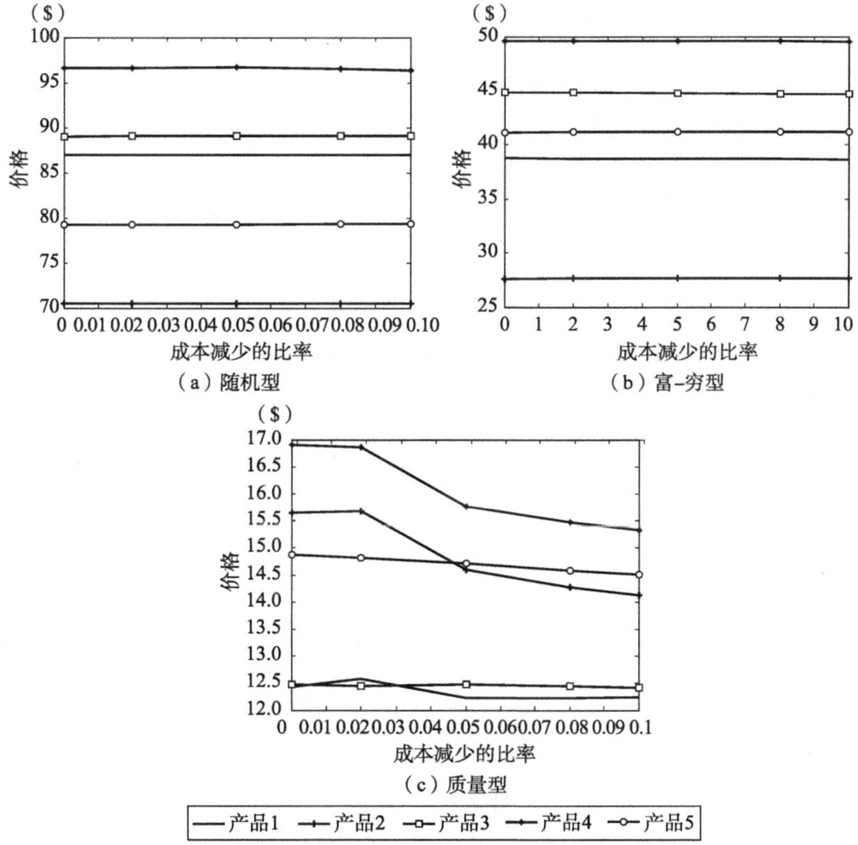

图 6-5 最优价格随着成本减少比率的变化而变化的情况

了最优解和成本减少比率的关系。

图 6-5 显示了最优价格随着成本减少比率的变化而变化的情况。如图 6-5 所示，在“随机”和“富-穷”问题中，随着成本减少比率的增加，新产品的价格是几乎不变的，但在“质量”问题中产品的价格缓慢下降。由于成本的减少，产品的质量可能会下降，并且在“质量”问题中，顾客对于产品的质量是敏感的。因此在“质量”问题中，新产品的价格有不同程度的下降。

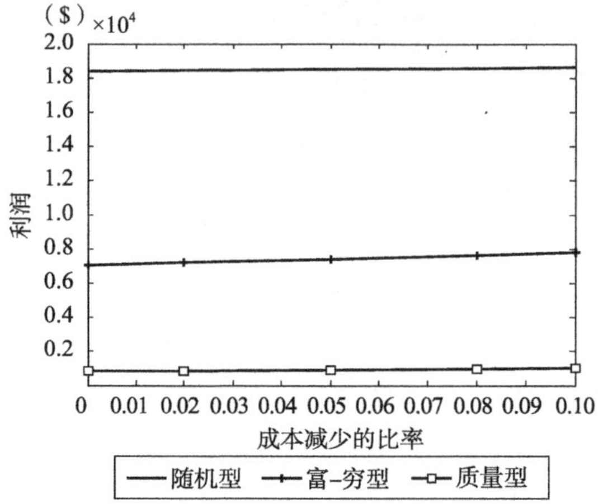

图 6-6 最优利润随着成本减少比率的变化而变化的情况

最优利润随着成本减少比率的变化而变化的情况见图 6-6。随着成本减少比率的增加，三种类型问题中的利润都增加。在任一类型的市场中，成本减少导致了更高的利润。因此，公司应该改进生产技术，减少产品的生产成本，进而增加利润。

6.3.2.4 竞争产品效用对最优解的影响

当制定定价决策时，公司应该考虑竞争产品的因素。在基于 MMM 的产品线定价中，顾客对于竞争产品的效用是一个重要的影响因素。本节通过数值实验研究最优解随着竞争产品效用的变化而变化的趋势，假设顾客对竞争产品的效用服从一系列改变，效用减少了 20%、10%，或者增加了 10%、20%。图 6-7 和图 6-8 描述了最优价格和最优利润与竞争产品效用的关系。

图 6-7 显示了最优价格随着竞争产品效用的变化而变化的趋势。如图所示，在三种类型的问题中，新产品的价格没有固定的改变模式。当顾客对竞争产品的效用改变时，新产品的价格不能盲目地增加或降低，决策者应该综合考虑其他因素以获得最大利润。

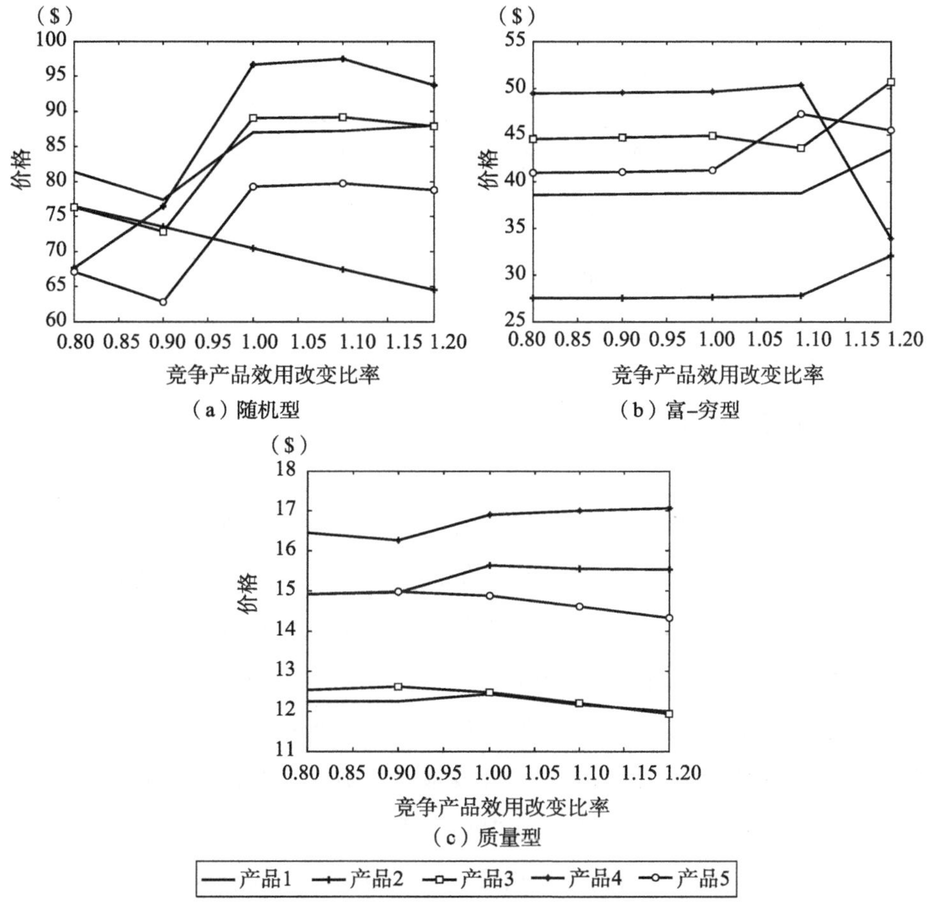

图 6-7　最优价格随着竞争产品效用的变化而变化的情况

图 6-8 描述了最优利润随着竞争产品效用的变化而变化的情况。随着竞争产品的效用增加，在“随机”“富-穷”和“质量”问题中的利润都逐渐减少。竞争产品对顾客的效用增加，更加受顾客喜爱。同时，新产品的市场份额下降。最终，新产品的利润减少。

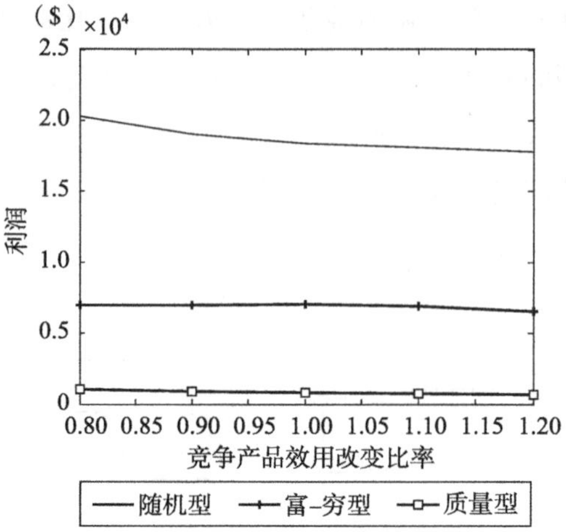

图 6-8　最优利润随着竞争产品效用的变化而变化的情况

6.4　本章小结

概率型选择模型是研究顾客选择行为的重要理论基础。本章提出了基于考虑剩余效用的 MMM 的产品线定价模型，同时，理性的消费者不会购买带有负效用的产品，因此负效用思想也被考虑到优化模型中，并通过数值实验研究了三种不同类型问题的产品定价问题，说明了考虑负效用问题的有效性，验证了实验结果与实际的贴合度。在数值实验中，探索了最优解和竞争产品的价格、效用方差、开发成本和竞争产品的效用几个影响因素之间的关系。通过数值结果发现“随机”和“质量”问题的利润和价格都随着竞争产品的价格下降而减少；相反，“富-穷”问题的利润和价格逐渐增加。在“随机”和“富-穷”问题中，利润随着效用方差的增加逐渐减少，而“质量”问题的利润逐渐上升。随着成本减少比率的增加，三种类型问题的利润都上升。随着竞争产品效用的增加，三种类型问题的利润都逐渐减少。数值实验表明，基于 IMMM 获得的结果是令人满意的，该模型具有较好的适用性。

第7章

结论与展望

7.1 结论

产品线提供多样化的产品以满足不同顾客的个性需求，产品线优化已经成为各个企业为了占据市场获得最优利润采取的重要方法。成功的产品线设计可以帮助公司决策新产品的数量、产品质量、合适的属性水平、最优定价等，以构成多样化产品的最优配置。在产品线设计过程中，需要考虑许多因素，包括顾客对产品的评估、顾客对价格的敏感程度、顾客的购买行为等。其中，顾客的选择行为是研究产品线定价优化问题中需要考虑的一个重要因素。

本书致力于考虑顾客选择行为的产品线定价问题的分析和研究，主要研究成果包括以下几个方面：

(1)在充分查阅文献的基础上，提出了产品线设计的优化问题，同时考虑了顾客的选择行为。在顾客选择模型的基础上综述了产品线设计优化的国内外现状，论证了研究工作的必要性。

(2)由于 MNL 模型被广泛用来模拟顾客的选择行为，所以第 3 章首先基于 MNL 模型研究产品线定价问题。与之前大部分文献不同的是，这部分考虑了模型参数的不确定性，并通过鲁棒优化研究产品线定价的最大最小利润问题。在精确模型和鲁棒模型中，分别获得了最优定价的静态模型的解析解，也获得了鲁棒优化的动态模型的解析解。通过数值实验发现，精确模型受参数的不确定性影响很大，而鲁棒模型充分考虑了参数的不确定性，能获得较稳定的最优解。通过鲁棒的动态模型发现，公司对参数的学习是非常重要的，公司可以对参数进行更好的评估，并得到最优的定价策略从而获得最优利润。

(3)由于 MNL 模型的假设条件有时并不满足，而 MMM 的假设较弱，适用性较好，第 4 章主要基于 MMM 研究产品线定价问题。本章分别在垄断和寡头市场中，证明利润函数的凹性，获得最优价格和市场份额的求解方程。通过数值实验发现，在不同的假设条件下，MMM 可以得到类似甚至优于 MNL 模型、MNP 模型和 NL 模型的结果，同时分析了不同因素对最优解的影响，这些结果将更好地指导企业的生产实践。

(4)在互联网迅速普及的背景下，许多产品展示了网络效应特性。基于 MMM，第 5 章研究了带有网络效应的产品线定价问题。针对开发一个产品、同质的多个产品和异质的多个产品的不同场景，证明了利润函数的凹性，获得了最优价格和市场份额的求解方程。通过数值实验，分析了不同参数对产品线定价问题中最优解的影响，验证了考虑网络效应的重要性，并测试了解的鲁棒性。

(5)传统的顾客选择模型假设顾客对每个产品的选择概率都是非零的，即使顾客通过购买某个产品获得负的效用，这个产品也会占有一定的市场份额。为了更符合实际，第 6 章研究了基于 MMM 考虑负效用的产品线定价问题，将负效用应用到 MMM 中，即当顾客获得负的效用时，购买概率为 0。通过数值实验发现，改进的 MMM 相比标准的 MMM 可以获得更加切合实际的结果，同时分析了不同参数的变化对最优解的影响。

7.2 展望

本书基于产品线优化视角，从顾客选择行为出发，分析产品线设计的相关问题，并得到一些具有管理意义的结果。然而，企业的经营环境多变，产品线设计问题复杂，因此，仍有很多的研究工作需要进一步展开和探索，具体包括以下几个方面：

(1)本书只针对垄断市场，以最大最小收益(Maximin Revenue)为目标，基于MNL模型研究了考虑顾客评估不确定性的鲁棒优化问题。但是，对于寡头或者其他竞争市场，基于其他顾客选择模型(如MMM)，考虑产品线定价模型的其他参数的不确定性的鲁棒优化问题是值得进一步研究的。另外，本书仅在鲁棒优化中考虑开发一个新产品时研究了动态定价问题。但是，随着渠道、产品、顾客和时间变化，企业需要根据市场对产品的需求以及顾客的购买力对产品进行动态定价，以实现不同阶段的最优目标。因此，在产品线优化设计中，多个产品的动态定价问题仍值得进一步研究。

(2)本书在研究产品线设计优化问题时都假设在短期内竞争者对新产品的开发不做出任何反应。但是，在实际市场中，对于一个公司推出的新产品，其他竞争者在一段时间后势必会做出不同的反应，包括调整原有产品的价格或者开发一些新产品。因此在未来产品线设计的优化问题中，考虑竞争者对产品线设计的影响的问题有待进一步研究。

(3)本书主要研究了MNL模型和MMM两种顾客选择模型，并应用到产品线定价优化问题中。未来可以进一步探索其他的可以更好地模拟顾客选择行为的模型，并将其应用到产品线优化问题中，帮助企业中的管理者更好地设计产品线，以获得最优利润。

附　录

参数 v_{ij}，c_j，Q_i，v_{ik}，p_k 的值被设置如下，其中 v 表示顾客 i 购买产品 j 得到的效用，c 表示产品 j 的成本，Q 表示细分市场 i 的规模，$v0$ 表示顾客购买竞争产品获得的效用，$p0$ 表示竞争产品的价格。v，c，$v0$ 和 $p0$ 的单位都是美元。

随机场景 5 * 5

v=[91.0986　59.5062　32.8108　2.1833　74.1814;
92.0487　37.5686　96.8501　85.2267　84.4861;
28.8326　85.2523　42.7748　40.5894　40.9429;
58.8781　14.7043　2.5338　51.9799　18.7726;
21.5751　80.5242　51.9466　1.2658　90.0792];

c=[11.1269　9.4429　6.1077　14.0866　9.2216];

Q=round[84.9360　79.8102　92.5116　99.8714　55.6975];

$v0$=[10 20 30 40 50]; $p0$=20.

富-穷场景 5 * 5

v=[23.3798　32.9823　34.6344　32.9549　29.0185;
61.8804　51.8528　69.7877　47.5582　67.4710;
71.0107　82.1091　97.5371　106.8136　64.8675;
154.3509 142.0570 118.9433 114.8687 115.7427;
130.6349　150.8509　151.0772　181.7628　179.4831];

c =[22.6352　16.1096　25.9455　23.6153　18.4166];

Q=round[96.9636 100.6585 67.4279 68.0976 50.0000];

$v0$=[10 20 30 40 50]; $p0$=20.

质量场景 5 * 5

v=[9.7304 15.4575 8.1817 16.8999 11.4504;
7.9872 13.4861 11.7294 14.9239 15.0531;
7.5870 14.2971 10.6277 15.6732 13.6152;
8.7905 11.5290 8.4820 18.5123 10.9559;
6.7007 13.5566 11.4868 16.4759 11.0534];

c =[6.5932 10.5861 7.9718 12.3453 10.0924];

Q=round[68.4458 73.0363 99.0819 57.8202 92.7761];

$v0$=[2 4 6 8 10]; $p0$=5.

参考文献

[1] Bertsimas D, Mišić V V. Robust product line design[J]. Operations Research, 2017, 65(1): 19-37.

[2] Dong L, Narasimhan C, Zhu K. Product line pricing in a supply chain [J]. Management Science, 2009, 55(10): 1704-1717.

[3] Orhun A Y. Optimal product line design when consumers exhibit choice set-dependent preferences[J]. Marketing Science, 2009, 28(5): 868-886.

[4] Shugan S M, Moon J, Shi Q, Kumar N S. Product line bundling: Why airlines bundle high-end while hotels bundle low-end[J]. Marketing Science, 2017, 36(1): 124-139.

[5] Chayet S, Kouvelis P, Yu D Z. Product variety and capacity investments in congested production systems[J]. Manufacturing & Service Operations Management, 2011, 13(3): 390-403.

[6] Kuzmanovic M, Martic M. An approach to competitive product line design using conjoint data[J]. Expert Systems with Applications, 2012, 39(8): 7262-7269.

[7] Anderson S P, Celik L. Product line design[J]. Journal of Economic Theory, 2015(157): 517-526.

[8] North M J, Macal C M, Aubin J S, Thimmapuram P, Bragen M, Hahn J, et al. Multiscale agent-based consumer market modeling[J]. Complexity, 2010, 15(5): 37-47.

[9] Du C, Cooper W L, Wang Z. Optimal pricing for a multinomial logit choice model with network effects[J]. Operations Research, 2016, 64(2): 441-455.

[10] Rusmevichientong P, Topaloglu H. Robust assortment optimization in revenue management under the multinomial logit choice model[J]. Operations Research, 2012, 60(4): 865-882.

[11] Aydin R, Kwong C K, Ji P. Coordination of the closed-loop supply chain for product line design with consideration of remanufactured products[J]. Journal of Cleaner Production, 2016(114): 286-298.

[12] Huang B, Fioreze T, Thomas T, Van Berkum E. Multinomial logit analysis of the effects of five different app-based incentives to encourage cycling to work[J]. Iet Intelligent Transport Systems, 2018, 12(10): 1421-1432.

[13] Debreu G. A social equilibrium existence theorem[J]. Proceedings of the National Academy of Sciences of the United States of America, 1952, 38(10): 886-893.

[14] Wang R, Wang Z. Consumer choice models with endogenous network effects[J]. Management Science, 2017, 63(11): 3944-3960.

[15] Natarajan K, Song M, Teo C-P. Persistency model and its applications in choice modeling[J]. Management Science, 2009, 55(3): 453-469.

[16] Feng G, Li X, Wang Z. On the relation between several discrete choice models[J]. Operations Research, 2017, 65(6): 1516-1525.

[17] Mishra V K, Natarajan K, Padmanabhan D, Teo C-P, Li X. On theoretical and empirical aspects of marginal distribution choice models[J]. Management Science, 2014, 60(6): 1511-1531.

[18] Li X, Natarajan K, Teo C-P, Zheng Z. Distributionally robust mixed integer linear programs: Persistency models with applications[J]. European

Journal of Operational Research, 2014, 233(3): 459-473.

[19] Ahipaşaoǧlu S D, Arıkan U, Natarajan K. On the flexibility of using marginal distribution choice models in traffic equilibrium[J]. Transportation Research Part B: Methodological, 2016(91): 130-158.

[20] Kumar S, Chatterjee A K. A profit maximising product line optimisation model under monopolistic competition[J]. International Journal of Production Research, 2015, 53(5): 1584-1595.

[21] Mishra B K, Prasad A, Srinivasan D, ElHafsi M. Pricing and capacity planning for product-line expansion and reduction[J]. International Journal of Production Research, 2017, 55(18): 5502-5519.

[22] 朱敏. 多产品竞争中企业产品线最优区域的选择[J]. 管理评论, 2010, 22(4): 64-72.

[23] YaylaKüllü H M, Ryan J K, Swaminathan J M. Product line flexibility for agile and adaptable operations[J]. Production and Operations Management, 2021, 30(3): 725-737.

[24] al. H D e. Supporting feature-oriented evolution in industrial automation product lines[J]. Concurrent Engineering, 2020, 28(4): 265-279.

[25] 刘晓峰, 顾领. AON 众筹模式下产品线设计与信息发布策略研究[J]. 中国管理科学, 2019, 27(7): 158-166.

[26] 曹斌. 产品线设计对制造商渠道结构的影响研究[D]. 厦门: 厦门大学, 2017.

[27] Netessine S, Taylor T A. Product line design and production technology[J]. Marketing Science, 2007, 26(1): 101-117.

[28] Guo L, Zhang J. Consumer deliberation and product line design[J]. Marketing Science, 2012, 31(6): 995-1007.

[29] Lacourbe P. A model of product line design and introduction sequence

with reservation utility [J]. European Journal of Operational Research, 2012, 220(2): 338-348.

[30] Bala R, Krishnan V, Zhu W. Distributed development and product line decisions [J]. Production and Operations Management, 2014, 23 (6): 1057-1066.

[31] Akan M, Ata B, Savaşkan-Ebert R C. Dynamic pricing of remanufacturable products under demand substitution: A product life cycle model [J]. Annals of Operations Research, 2013, 211(1): 1-25.

[32] Jing B. On the profitability of firms in a differentiated industry [J]. Marketing Science, 2006, 25(3): 248-259.

[33] Lacourbe P, Loch C H, Kavadias S. Product positioning in a two-dimensional market space [J]. Production and Operations Management, 2009, 18 (3): 315-332.

[34] Xiong H, Chen Y-J. Product line design with deliberation costs: A two-stage process [J]. Decision Analysis, 2013, 10(3): 225-244.

[35] Xiong H, Chen Y-J. Product line design with seller-induced learning [J]. Management Science, 2014, 60(3): 784-795.

[36] Kim K, Chhajed D. Product design with multiple quality-type attributes [J]. Management Science, 2002, 48(11): 1502-1511.

[37] Yu D Z. Product variety and vertical differentiation in a batch production system [J]. International Journal of Production Economics, 2012, 138 (2): 314-328.

[38] Villas-Boas J M. Product variety and endogenous pricing with evaluation costs [J]. Management Science, 2009, 55(8): 1338-1346.

[39] Mendelson H, Parlaktürk A K. Product-line competition: Customization vs. proliferation [J]. Management Science, 2008, 54(12): 2039-2053.

[40] Wei X D, Nault B R. Monopoly versioning of information goods when consumers have group tastes [J]. Production and Operations Management, 2014, 23(6): 1067-1081.

[41] Hu M, Li X, Shi M. Product and pricing decisions in crowdfunding [J]. Marketing Science, 2015, 34(3): 331-345.

[42] Chen K D, Hausman W H. Technical note: Mathematical properties of the optimal product line selection problem using choice-based conjoint analysis [J]. Management Science, 2000, 46(2): 327-332.

[43] Gallego G, Wang R. Multiproduct price optimization and competition under the nested logit model with product-differentiated price sensitivities [J]. Operations Research, 2014, 62(2): 450-461.

[44] 张宏. 基于 multinomial logit 模型的产品线中消费者选择购买行为研究[J]. 安徽农业科学, 2006, 34(20): 5135-5137.

[45] 王春兴, 董明. 基于库存共享策略的产品线选择及定价问题[J]. 工业工程与管理, 2009, 14(6): 42-46.

[46] Tang C S, Yin R. The implications of costs, capacity, and competition on product line selection [J]. European Journal of Operational Research, 2010, 200(2): 439-450.

[47] Chen Y-J, Tomlin B, Wang Y. Coproduct technologies: Product line design and process innovation [J]. Management Science, 2013, 59(12): 2772-2789.

[48] Krishnan V, Zhu W. Designing a family of development-intensive products [J]. Management Science, 2006, 52(6): 813-825.

[49] Zhang Z, Joseph K, Subramaniam R. Probabilistic selling in quality-differentiated markets [J]. Management Science, 2015, 61(8): 1959-1977.

[50] Kim K, Chhajed D, Liu Y. Can commonality relieve cannibalization

in product line design? [J]. Marketing Science, 2013, 32(3): 510-521.

[51] Yayla-Küllü H M, Parlaktürk A K, Swaminathan J M. Multi-product quality competition: Impact of resource constraints[J]. Production and Operations Management, 2013, 22(3): 603-614.

[52] 陈志洪，潘小军，钟根元．基于消费者认知的产品线策略[J]. 系统管理学报，2014，23(1)：1-6.

[53] 姬翔．不同渠道结构下产品线设计与产品退货策略研究[D]. 合肥：中国科学技术大学，2017.

[54] 赵道致，原白云，徐春秋．考虑消费者低碳偏好未知的产品线定价策略[J]. 系统工程，2014，32(1)：77-81.

[55] 许甜甜．供应链视角下产品线设计决策分析[D]. 南京：南京大学，2014.

[56] Loch C H, Kavadias S. Dynamic portfolio selection of NPD programs using marginal returns[J]. Management Science, 2002, 48(10): 1227-1241.

[57] Heese H S, Swaminathan J M. Product line design with component commonality and cost-reduction effort[J]. Manufacturing & Service Operations Management, 2006, 8(2): 206-219.

[58] Hanson W, Martin K. Optimizing multinomial logit profit functions [J]. Management Science, 1996, 42(7): 992-1003.

[59] Song J-S, Xue Z. Demand management and inventory control for substitutable products[R]. Working Paper, 2007.

[60] Dong L, Kouvelis P, Tian Z. Dynamic pricing and inventory control of substitute products[J]. Manufacturing & Service Operations Management, 2009, 11(2): 317-339.

[61] Li H, Huh W T. Pricing multiple products with the multinomial logit and nested logit models: Concavity and implications [J]. Manufacturing &

Service Operations Management, 2011, 13(4): 549-563.

[62] Jiang H, Chen R, Sun H. Multiproduct price optimization under the multilevel nested logit model[J]. Annals of Operations Research, 2017, 254(1-2): 131-164.

[63] Kraus U G, Yano C A. Product line selection and pricing under a share-of-surplus choice model[J]. European Journal of Operational Research, 2003, 150(3): 653-671.

[64] Schön C. On the optimal product line selection problem with price discrimination[J]. Management Science, 2010, 56(5): 896-902.

[65] Kumar S, Chatterjee A K. A profit maximizing mathematical model for pricing and selecting optimal product line[J]. Computers & Industrial Engineering, 2013, 64(2): 545-551.

[66] Camm J D, Cochran J J, Curry D J, Kannan S. Conjoint optimization: An exact branch-and-bound algorithm for the share-of-choice problem [J]. Management Science, 2006, 52(3): 435-447.

[67] 程岩. 电子商务中面向产品线的动态定价方法研究[J]. 系统工程学报, 2010, 25(4): 533-539.

[68] Sudharshan D, May J H, Shocker A D. A simulation comparison of methods for new product location[J]. Marketing Science, 1987, 6(2): 182-201.

[69] Hsich C H, Chen S H. Model and algorithm of fuzzy product positioning[J]. Information Sciences, 1999, 121(1): 61-82.

[70] Kwong C K, Luo X G, Tang J F. A multiobjective optimization approach for product line design[J]. IEEE Transactions on Engineering Management, 2011, 58(1): 97-108.

[71] Wu S, Chen S. A bi-level algorithm for product line design and pricing [C]. IEEE International Conference on Industrial Engineering & Engineering Man-

agement, Singapore, 2015: 14-18.

[72] 史天琴. 考虑消费者偏好和感知的产品线设计与定价研究[D]. 上海: 上海交通大学, 2010.

[73] Luo X G, Kwong C K, Tang J F, Tu Y L. Optimal product positioning with consideration of negative utility effect on consumer choice rule[J]. Decision Support Systems, 2012, 54(1): 402-413.

[74] Schön C. On the product line selection problem under attraction choice models of consumer behavior[J]. European Journal of Operational Research, 2010, 206(1): 260-264.

[75] Burkart W R, Klein R, Mayer S. Product line pricing for services with capacity constraints and dynamic substitution[J]. European Journal of Operational Research, 2012, 219(2): 347-359.

[76] Xia N, Rajagopalan S. Standard vs. custom products: Variety, lead time, and price competition[J]. Marketing Science, 2009, 28(5): 887-900.

[77] Deng S, Aydin R, Kwong C K, Huang Y. Integrated product line design and supplier selection: A multi-objective optimization paradigm[J]. Computers & Industrial Engineering, 2014(70): 150-158.

[78] Fiebig D G, Keane M P, Louviere J, Wasi N. The generalized multinomial logit model: Accounting for scale and coefficient heterogeneity[J]. Marketing Science, 2010, 29(3): 393-421.

[79] Kim J B, Albuquerque P, Bronnenberg B J. The probit choice model under sequential search with an application to online retailing[J]. Management Science, 2017, 63(11): 3911-3929.

[80] 乔忠, 曾广晟. 基于离散选择模型的产品线优化决策[J]. 中国农业大学学报, 2003, 8(2): 78-83.

[81] 白让让. 轿车细分市场中产品线定位的影响因素分析[J]. 管理

科学，2010，23(1)：2-9.

[82] 刘晓峰，黄沛．KIA 众筹模式下产品线设计与定价策略研究[J]. 管理工程学报，2021(4)：1-11.

[83] 赵伟光，李凯．考虑消费者异质偏好的产品线定价策略识别及其效应分析[J]. 管理学报，2019，16(12)：1854-1863.

[84] 董绍增．基于消费者行为的产品设计、评论返现和定价策略研究[D]. 北京：对外经济贸易大学，2019.

[85] 李晴晴．D 奢侈品多产品线的定价策略比较研究[D]. 上海：东华大学，2018.

[86] 蒋紫艳．考虑盗版影响的软件产品线策略和定价模型研究[D]. 上海：上海交通大学，2018.

[87] 赵志鹏，郭鹏．碳交易机制下企业产品线定价机制研究[J]. 机械制造，2014，52(12)：39-42.

[88] 聂冲，贾生华．离散选择模型的基本原理及其发展演进评介[J]. 数量经济技术经济研究，2005，22(11)：151-159.

[89] Thurstone L L. A law of comparative judgment[J]. Psychological Review，1927，34(4)：273.

[90] Bradley R A，Terry M E. Rank analysis of incomplete block designs：I. The method of paired comparisons[J]. Biometrika，1952，39(3/4)：324-345.

[91] Luce R D. Individual choice behavior：A theoretical analysis[M]. New York：John Wiley，1959.

[92] McFadden D. Conditional logit analysis of qualitative choice behavior[A]//E. Zarembka P. Frontiers in econometrics[M]. New York：Academic Press，1974：105-142.

[93] Hess S，Bierlaire M，Polak J W. Estimation of value of travel-time savings using mixed logit models[J]. Transportation Research Part A：Policy

and Practice, 2005, 39(2): 221-236.

[94] Mehta G, Lou Y. Modeling school bus seat belt usage: Nested and mixed logit approaches[J]. Accident Analysis & Prevention, 2013(51): 56-67.

[95] Zhang J. An integrated choice model incorporating alternative mechanisms for consumers' reactions to in-store display and feature advertising[J]. Marketing Science, 2006, 25(3): 278-290.

[96] Erdem T, Keane M P, Sun B. A dynamic model of brand choice when price and advertising signal product quality[J]. Marketing Science, 2008, 27(6): 1111-1125.

[97] 官振中,任建标.价格和库存驱动替代的两产品动态定价策略[J].系统管理学报,2013,22(2):177-184.

[98] Newman J P, Ferguson M E, Garrow L A, Jacobs T L. Estimation of choice-based models using sales data from a single firm[J]. Manufacturing & Service Operations Management, 2014, 16(2): 184-197.

[99] Li S. Research on the choice behavior of American elderly trip chain based on MNL[J]. International Journal of Social Science and Education Research, 2021, 4(3): 43-52.

[100] 王羽尘,马健霄,刘宇航.公路隧道火灾环境人群逃生行为分析及多项 Logit 建模[J].中国安全生产科学技术,2020,16(12):129-135.

[101] 邹晟誉.基于 MNL 回归模型的疫情防控背景下居民出行方式影响因素证分析[J].山东交通科技,2020(4):98-102.

[102] 程谦,卢万胜,曲思源,单仕平.基于多项 Logit 模型的高速铁路客流分配实证研究[J].铁道运输与经济,2020,42(7):60-66.

[103] 牟博佼,陈剑,肖勇波.寡头企业产品线竞争结构研究——基于顾客离散选择行为[J].清华大学学报(哲学社会科学版),2009,24(S1):21-26.

［104］牟博佼，肖勇波，陈剑．基于 MNL 选择模型的替代产品定价和库存决策研究［J］．中国管理科学，2010，18(3)：25-32.

［105］官振中，史本山．基于顾客选择模型易逝性产品收益管理订购和定价策略［J］．系统工程理论与实践，2007(9)：47-53.

［106］李德春，肖岳峰．基于多项式 Logit 模型的快速消费品促销效果评估［J］．桂林电子科技大学学报，2007，27(1)：74-77.

［107］郭捷，李永壮．基于离散选择模型的顾客选择偏好分析［J］．工业技术经济，2012(12)：60-65.

［108］曹海娜．基于 MNL 模型的平行航班舱位控制与动态定价研究［D］．北京：北京理工大学，2015.

［109］李鹏程．基于 MNL 模型的居民出行方式选择行为分析［J］．物流科技，2019，42(5)：95-97+113.

［110］苗蕴慧，唐加福，张铁军．基于参考依赖的改进 MNL 模型预测电信套餐选择行为［J］．系统工程，2013，31(6)：78-82.

［111］卢明强，陈丽军．基于 MNL 离散选择模型的社区居民对湿地保护的贡献意愿——以大庆湿地为例［J］．自然资源学报，2021，36(2)：449-458.

［112］严海，李涛，白鸿宇．基于改进 MNL 模型的地铁换乘区路径选择［J］．长安大学学报(自然科学版)，2014，34(6)：152-156.

［113］孙波．基于 MNL 模型计算的城区公共交通发展策略研究［J］．交通节能与环保，2020，16(4)：45-48.

［114］乔磊．基于 MNL 模型的个人账户基金有效投资研究［D］．济南：山东财经大学，2013.

［115］高续．基于 MNL 模型的定制公交选择研究［J］．西部交通科技，2016(2)：92-95+108.

［116］Train K E. Discrete choice methods with simulation：GEV［M］.

Cambridge: Cambridge University Press, 2003.

[117] Williams H C. On the formation of travel demand models and economic evaluation measures of user benefit[J]. Environment and Planning A, 1977, 9(3): 285-344.

[118] Silberhorn N, Boztuǧ Y, Hildebrandt L. Estimation with the nested logit model: Specifications and software particularities[J]. OR Spectrum, 2008, 30(4): 635-653.

[119] Wen C-H. Alternative tree structures for estimating nested logit models with mixed preference data[J]. Transportmetrica, 2010, 6(4): 291-309.

[120] 李梦洁，陈富坚，林钦泽. 基于随机后悔广义巢式 logit 的出行效益评估方法[J]. 深圳大学学报(理工版), 2021, 38(2): 128-135.

[121] Shanmugam L, Ramasamy M. Study on mode choice using nested logit models in travel towards Chennai metropolitan city[J]. Journal of Ambient Intelligence and Humanized Computing, 2021.

[122] Laurent A, Alborz H, Ivana L. An exact method for assortment optimization under the nested logit model[J]. European Journal of Operational Research, 2021.

[123] 向逾，潘克新，徐太祥，姚明. 基于巢式 Logit 模型的医疗设备维修途径选择行为研究[J]. 医疗卫生装备, 2020, 41(12): 81-85.

[124] Chen X, Shi C, Wang Y, Zhou Y. Dynamic assortment planning under nested logit models[J]. Production and Operations Management, 2020, 30(1): 85-102.

[125] 柳文燕，傅忠宁，李万慧，翟涛涛. 基于巢式 Logit 模型的低收入人群出行行为分析——以上海市智能手机调查数据为例[J]. 交通运输工程与信息学报, 2020, 18(3): 40-49.

[126] Hausman J A, Wise D A. A conditional probit model for qualitative

choice: Discrete decisions recognizing interdependence and heterogeneous preferences[J]. Econometrica: Journal of the Econometric Society, 1978, 46(2): 403-426.

[127] McFadden D. Modelling the choice of residential location[A]//E. A. Karlquist et al. Spatial Interaction Theory and Planning Models[M]. North Holland, Amsterdam, 1978: 75-96.

[128] Kamakura W A, Russell G J. A probabilistic choice model for market segmentation and elasticity structure[J]. Journal of Marketing Research, 1989, 26(4): 379-390.

[129] McFadden D, Train K. Mixed MNL models for discrete response[J]. Journal of Applied Econometrics, 2000, 15(5): 447-470.

[130] Li H, Webster S. Optimal pricing of correlated product options under the paired combinatorial logit model[J]. Operations Research, 2017, 65(5): 1215-1230.

[131] Boyacı T, Akçay Y. Pricing when customers have limited attention [J]. Management Science, 2018, 64(7): 2995-3014.

[132] Stüttgen P, Boatwright P, Monroe R T. A satisficing choice model [J]. Marketing Science, 2012, 31(6): 878-899.

[133] Blanchet J, Gallego G, Goyal V. A markov chain approximation to choice modeling[J]. Operations Research, 2016, 64(4): 886-905.

[134] Tversky A. Elimination by aspects: A theory of choice[J]. Psychological Review, 1972, 79(4): 281-299.

[135] Tversky A. Choice by elimination[J]. Journal of Mathematical Psychology, 1972, 9(4): 341-367.

[136] Kohli R, Jedidi K. Error theory for elimination by aspects[J]. Operations Research, 2015, 63(3): 512-526.

[137] Kohli R, Jedidi K. Relation between EBA and nested logit models [J]. Operations Research, 2017, 65(3): 621-634.

[138] 逯婷婷. 基于多层 Nested Logit 模型的城市居民出行链预测研究[D]. 北京: 北京交通大学, 2016.

[139] 黄瑞锦, 顾高峰. 基于混合 Logit 模型的电动汽车购买意愿影响因素研究[J]. 交通运输研究, 2021, 7(1): 95-103+114.

[140] 刘勇, 赵保国. 基于 Mixed Logit 模型的顾客品牌选择研究[J]. 财经问题研究, 2014(6): 126-131.

[141] 李雪飞. 基于扩展 Logit 的交通分配模型与算法研究[D]. 北京: 北京交通大学, 2014.

[142] 方友斌, 叶芃. 基于离散选择模型的电信资费套餐选择行为研究[J]. 管理学报, 2014, 11(12): 1864-1870.

[143] 李晓卿. 基于离散选择模型的家庭乘用车消费者选择行为研究[D]. 上海: 上海社会科学院, 2013.

[144] Yasar A, Tien J M. A robust dynamic pricing approach that tracks the customer's imputed valuation [C]. IEEE International Conference on Systems, Man and Cybernetics, 2003: 396-401.

[145] Bertsimas D, Brown D B, Caramanis C. Theory and applications of robust optimization[J]. Siam Review, 2010, 53(3): 464-501.

[146] Chahid A, André L, Martin T. Robust optimization for the hierarchical mixed capacitated general routing problem applied to winter road maintenance[J]. Computers & Industrial Engineering, 2021(158).

[147] Ubaid U R, Muhammad R, Yaqoob W M. A robust optimization method for optimizing day-ahead operation of the electric vehicles aggregator[J]. International Journal of Electrical Power and Energy Systems, 2021(132).

[148] Stienen V F, Wagenaar J C, Hertog D D, Fleuren H A. Optimal

depot locations for humanitarian logistics service providers using robust optimization[J]. Omega, 2021.

[149] Hamed D, Rasoul S. A new correlated polyhedral uncertainty set for robust optimization[J]. Computers & Industrial Engineering, 2021(157).

[150] 程书恒. 基于鲁棒优化的集装箱海运网络模型研究[D]. 大连: 大连理工大学, 2009.

[151] 王先良, 王培, 康盛伟, 唐斌, 杨凤, 汤婷, 等. 后装放疗计划的鲁棒优化研究[J]. 中华放射肿瘤学杂志, 2021, 30(4): 387-391.

[152] Lim S. A robust pricing/lot-sizing model and a solution method based on geometric programming[J]. Management Science & Financial Engineering, 2008, 14(2): 808-811.

[153] Mersereau A J, Zhang D. Markdown pricing with unknown fraction of strategic customers[J]. Manufacturing & Service Operations Management, 2012, 14(3): 355-370.

[154] Goldfarb D, Iyengar G. Robust portfolio selection problems[J]. Mathematics of Operations Research, 2001, 28(1): 1-38.

[155] 李星梅, 钟志鸣, 赵秋红, 袁汝兵. 信息不确定下的主动打断项目组合选择问题鲁棒优化[J]. 系统工程理论与实践, 2017, 37(11): 2908-2917.

[156] Baron O, Milner J, Naseraldin H. Facility location: A robust optimization approach[J]. Production & Operations Management, 2011, 20(5): 772-785.

[157] 姜涛, 朱金福. 应急设施鲁棒优化选址模型及算法[J]. 交通运输工程学报, 2007, 7(5): 101-105.

[158] 刘建友, 蒋春霞. 计算机技术在应急设施选址问题上的应用[J]. 黑龙江科学, 2021, 12(6): 29-31.

[159] Bertsimas D, Thiele A. A robust optimization approach to inventory theory[J]. Operations Research, 2006, 54(1): 150-168.

[160] 何勇，张成义，李姗姗．基于两阶段鲁棒优化的无人机载机平台调度问题[J]. 系统工程学报，2020，35(6)：838-848+864.

[161] 刘星．不确定环境下应急救援供应链鲁棒优化模型[J]. 运筹与管理，2020，29(12)：23-29.

[162] 朱晋伟，瞿丽佳．鲁棒优化研究的国际热点与发展趋势分析[J]. 统计与决策，2018(20)：78-82.

[163] 刘家权，刘珅，周金涛，李亚国，赵丽萍．基于鲁棒优化的电—气互联型主动配电网故障恢复方法[J]. 电力系统保护与控制，2021，49(7)：66-74.

[164] 华光辉，李晨，张勇，李丹，刘创，王程．考虑温控负荷聚合功率不确定性的楼宇微网鲁棒优化[J]. 电力建设，2021，42(4)：59-68.

[165] 胡雪君，赵雁，单汨源，王建江，别黎．基于自适应大邻域搜索的鲁棒多项目调度方法[J]. 中国管理科学，2021：1-12.

[166] 孙艺萌，邱若臻．服务水平约束下基于可调节鲁棒优化的供应链分销网络设计模型[J]. 管理工程学报，2021，35(3)：158-171.

[167] 曲红，安烨琪．风电不确定下机组组合的鲁棒优化研究[J]. 中国石油大学学报(社会科学版)，2020，36(6)：53-60.

[168] Soyster A L. Technical Note-Convex programming with set-inclusive constraints and applications to inexact linear programming[J]. Operations Research, 1973, 21(5): 1154-1157.

[169] Falk J E. Exact solutions of inexact linear programs[J]. Operations Research, 1976, 24(4): 783-787.

[170] Ben-Tal A, Nemirovski A. Robust convex optimization[J]. Mathematics of Operations Research, 1998, 23(4): 769-805.

[171] 马建军，李文强，郑志强，胡德文．不确定条件下控制分配问题的鲁棒优化方法[J]．控制理论与应用，2010，27(6)：731-737.

[172] 葛晓琳，钟俊玲，符杨．考虑来水多区间不确定集的跨年梯级水电鲁棒优化调度[J]．中国电机工程学报，2018，38(17)：5097-5106.

[173] 蒋宇，陈星莺，余昆，廖迎晨，谢俊．考虑风电功率预测不确定性的日前发电计划鲁棒优化方法[J]．电力系统自动化，2018，42(19)：57-63.

[174] 马国丰，严勇，尤建新，顾凌赟．关键链项目进度计划的鲁棒优化的研究[J]．系统管理学报，2014，23(5)：704-710.

[175] 邱若臻，董红磊，苑红涛．离散需求概率不确定条件下的多市场鲁棒优化模型[J]．系统管理学报，2016，25(3)：563-569.

[176] 宗群，王维佳，何彦昭．基于鲁棒优化理论的电梯群控调度策略[J]．控制理论与应用，2008，25(4)：743-748.

[177] 孙亮，潘全科，邹温强，王亚敏．车辆路径问题的轻鲁棒优化模型与算法[J]．控制理论与应用，2021，38(2)：206-212.

[178] 赵玉亮，宋业新，赵金超，任涛．基于鲁棒优化的多无人机协同侦察任务规划[J]．海军工程大学学报，2021，33(1)：48-54.

[179] 张萍．不确定条件下供应链鲁棒优化模型及算法研究[D]．武汉：华中科技大学，2011.

[180] 于丽萍，林丽凤，邱若臻．基于 EVA 与经营风险偏好的供应链鲁棒优化模型[J]．中国管理科学，2018，26(2)：62-70.

[181] 周伊佳．带有共享不确定参数的鲁棒优化模型[D]．大连：大连理工大学，2017.

[182] 孙华．基于鲁棒优化的城市交通网络设计模型与算法研究[D]．北京：北京交通大学，2014.

[183] 孙国强，袁智，许晓慧，汪春，卫志农，臧海祥．碳排放约束下

虚拟电厂鲁棒优化竞标模型[J]. 电力自动化设备，2017，37(2)：97-103.

[184] 高莹，商烁，黄小原. 资产组合鲁棒优化模型及应用研究[J]. 运筹与管理，2010，19(4)：136-142.

[185] 张玲，陈涛，黄钧. 基于最小最大后悔值的应急救灾网络构建鲁棒优化模型与算法[J]. 中国管理科学，2014，22(7)：131-139.

[186] 彭春华，谢鹏，陈臣. 大规模光伏电站接入电网可调节鲁棒优化调度[J]. 中国电机工程学报，2014，34(25)：4324-4332.

[187] 邱若臻，黄小原，苑红涛. 需求分布不确定条件下的多周期库存鲁棒优化模型[J]. 控制与决策，2014，29(9)：1644-1648.

[188] 孙华丽，项美康，薛耀锋. 不确定信息下应急设施选址—路径鲁棒优化[J]. 系统管理学报，2019，28(6)：1126-1133.

[189] 李孟良，王喜富，孙全欣，杨子楠. 基于鲁棒优化的应急物资多式联运调配策略研究[J]. 铁道学报，2017，39(7)：1-9.

[190] 王旭强，张鑫，刘红昌，刘怡，刘乙召. 考虑源荷双重不确定性的电—气互联综合能源系统分布鲁棒优化调度[J]. 现代电力，2019，36(6)：52-60.

[191] 赖志柱，王铮，戈冬梅，陈玉龙. 多目标应急物流中心选址的鲁棒优化模型[J]. 运筹与管理，2020，29(5)：74-83.

[192] 庄广达. 需求不确定下班轮航线配船鲁棒优化模型研究[D]. 大连：大连海事大学，2013.

[193] 许闯来，胡坚堃，黄有方. 不确定需求下快递配送网络鲁棒优化[J]. 计算机工程与应用，2020，56(3)：272-278.

[194] 凌万水，刘刚. 基于鲁棒优化的主动配电网分布式电源优化配置方法[J]. 电力系统保护与控制，2020，48(15)：141-148.

[195] 万波，陈琴. 不确定需求下基于鲁棒优化的层级设施选址模型[J]. 统计与决策，2018，34(6)：57-61.

［196］ Ferrer J C, Oyarzún D, Vera J. Risk averse retail pricing with robust demand forecasting［J］. International Journal of Production Economics, 2012, 136(1): 151-160.

［197］ Handel B R, Misra K, Roberts J W. Robust firm pricing with panel data［J］. Journal of Econometrics, 2013, 174(2): 165-185.

［198］ Perakis G, Roels G. Robust controls for network revenue management［J］. Manufacturing & Service Operations Management, 2010, 12(1): 56-76.

［199］ Bergemann D, Schlag K. Robust monopoly pricing［J］. Journal of Economic Theory, 2011, 146(6): 2527-2543.

［200］ Handel B R, Misra K. Robust new product pricing［J］. Marketing Science, 2015, 34(6): 864-881.

［201］ Wang W, Lyu G, Cui W, Li Y. Strategic technology commercialization in the supply chain under network effects［J］. International Journal of Production Economics, 2021: 231.

［202］ Zhou J, Xu R, Yuan X, Elhoseny M. Long-term pricing strategy based on network externalities［J］. Journal of Intelligent & Fuzzy Systems, 2021, 40(2): 3035-3043.

［203］ 金子牛．从网络效应角度分析平台企业的竞争策略［J］．投资与创业，2021，32(3)：114-116+147.

［204］ Chen N, Chen Y-J. Duopoly competition with network effects in discrete choice models［J］. Operations Research, 2021, 69(2): 545-559.

［205］ 翟可璇，张冠湘．考虑网络效应的智能硬件众筹决策研究［J］．物流工程与管理，2021，43(4)：169-173+176.

［206］ Xu B, Yao Z, Wu S Y. Pricing strategies for a bundled channel with services network effects［J］. International Journal of Production Research, 2021, 59(10): 3152-3168.

[207] Leibenstein H. Bandwagon, snob, and veblen effects in the theory of consumers' demand[J]. Quarterly Journal of Economics, 1950, 64(2): 183-207.

[208] 刘志勇，叶飞．基于网络外部性的网络游戏定价模式选择[J]．系统管理学报，2018，27(6)：1074-1080.

[209] 吕通，史乐峰．考虑网络效应的共享汽车租赁网络扩展分析[J]．科技管理研究，2018(9)：198-210.

[210] 汪东芳，曹建华．互联网发展对中国全要素能源效率的影响及网络效应研究[J]．中国人口·资源与环境，2019，29(1)：86-95.

[211] 吴勇，李倩．Web2.0 环境下网络效应对价值共创的影响机理研究[J]．科技进步与对策，2017，34(2)：25-31.

[212] Farrell J, Saloner G. Standardization, compatibility, and innovation [J]. Rand Journal of Economics, 1985, 16(1): 70-83.

[213] Economides N. The economics of networks[J]. International Journal of Industrial Organization, 1996, 14(6): 673-699.

[214] 潘小军，陈宏民，侯和银．网络外部性与产品垄断定价策略研究[J]．管理工程学报，2006，20(1)：67-71.

[215] 沈乐平，童乾．网络效应下顾客分布不均匀的企业兼并研究[J]．系统工程学报，2011，26(1)：121-126.

[216] 赵丹，王宗军．网络效应与多寡头市场技术许可竞争策略研究[J]．中国管理科学，2010，18(1)：107-112.

[217] 刘晓峰，黄沛，杨雄峰．具有网络外部性的双寡头市场的动态定价策略[J]．中国管理科学，2007，15(1)：94-98.

[218] 滕颖，唐小我．具有网络外部效应的三度价格歧视研究[J]．控制与决策，2008，23(3)：251-257.

[219] 胥莉，陈宏民．具有网络外部性特征的企业定价策略研究[J]．管理科学学报，2006，9(6)：23-30.

［220］王玮，陈丽华．网络效应下创新企业的最优产品策略［J］．中国管理科学，2014(22)：560-565.

［221］周文辉，邱韵瑾，金可可，李宇雯．电商平台与双边市场价值共创对网络效应的作用机制——基于淘宝网案例分析［J］．软科学，2015，29(4)：83-89.

［222］颜锦江，郭春香，龚浩．面向网络外部性特征产品的供应链动态竞争策略研究［J］．运筹与管理，2018，27(10)：76-82.

［223］易余胤，张永华，姚俊江．考虑网络外部性和渠道权利结构的供应链延保服务模式研究［J］．管理工程学报，2018，32(3)：92-104.

［224］刘洋，廖貅武．基于在线评分和网络效应的应用软件定价策略［J］．管理科学，2013，26(4)：60-69.

［225］冯永晟，张昊．网络效应、需求行为与市场规模——基于邮政快递业的实证研究［J］．中国工业经济，2021(1)：115-135.

［226］邹小红，陈金龙，占永志．网络效应的平台型供应链金融融资的演化博弈［J］．华侨大学学报(哲学社会科学版)，2016(3)：21-31.

［227］张红彬，李孟刚，李文锐．共享经济平台网络效应的影响因素研究：以滴滴为例［J］．电子政务，2019(11)：11-22.

［228］傅亚平，赵晓飞．基于网络效应的 SNS 网站用户参与动机和参与强度研究［J］．财贸研究，2011，22(6)：107-116.

［229］Candogan O，Bimpikis K，Ozdaglar A. Optimal pricing in networks with externalities［J］. Operations Research，2012，60(4)：883-905.

［230］Bloch F，Quérou N. Pricing in social networks［J］. Games and Economic Behavior，2013(80)：243-261.

［231］周琦萍，徐迪，杨芳．基于复杂社会网络和局部网络效应的新产品竞争扩散的计算实验研究［J］．软科学，2013，27(7)：13-17.

［232］周琦萍，杨芳．基于局部网络效应的数字信息产品竞争兼容策

略研究[J]. 科技和产业，2017，17(6)：42-48.

[233] 段文奇，陈忠. 网络效应新产品成功的关键：产品质量还是安装基础[J]. 系统工程理论与实践，2007，27(7)：144-148.

[234] 赵良杰，武邦涛，段文奇，陈忠. 消费者交互作用对网络效应产品扩散的影响——基于产品生命周期的视角[J]. 系统工程理论与实践，2012，32(1)：67-75.

[235] 傅瑜. 网络规模、多元化与双边市场战略——网络效应下平台竞争策略研究综述[J]. 科技管理研究，2013(6)：192-196.

[236] 赵保国，余宙婷. 基于网络效应的竞争性产品微观扩散研究[J]. 管理科学学报，2013，16(9)：33-43.

[237] 顾吉锋. 双边市场视角下的银行卡市场交叉网络外部性研究——来自嘉兴市银行卡产业的经验证据[J]. 会计师，2018(11)：70-72.

[238] 孙晓华，孙瑞，徐帅. 电动汽车产业的网络效应：识别与异质性检验[J]. 中国软科学，2018(4)：132-145.

[239] 王先甲，余子鹤. 网络外部性条件下差异化双边平台买者参与问题[J]. 运筹与管理，2018，27(4)：1-9.

[240] 胥莉，王耀斌，陈丽. 广告支持型双边市场的网络效应——即时通讯市场的实证分析[J]. 系统管理学报，2008，17(6)：615-621.

[241] 王法涛. 演化视角下电子商务多边平台网络效应及竞争策略选择[J]. 中国流通经济，2019，33(11)：54-64.

[242] 池毛毛，刘姝君，卢新元，罗博. 共享住宿平台上房东持续参与意愿的影响机理研究：平台网络效应的视角[J]. 南开管理评论，2019，22(4)：103-113.

[243] 刘韬，郑海昊. 互联网时代高等在线教育传播体系重构：基于间接网络效应理论[J]. 现代远程教育研究，2016(4)：42-48.

[244] 李震，王新新．平台内网络效应与跨平台网络效应作用机制研究[J]．科技进步与对策，2016，33(20)：18-24.

[245] 李静，张玉林．考虑网络效应和业务拓展的平台定价策略研究[J]．系统工程理论与实践，2020，40(3)：593-604.

[246] Corless R M，Gonnet G H，Hare D E G，Jeffrey D J，Knuth D E. On the Lambert W function[J]. Advances in Computational Mathematics，1996，5(1)：329-359.

[247] Geweke J，Keane M，Runkle D. Alternative computational approaches to inference in the multinomial probit model[J]. Review of Economics and Statistics，1994，76(4)：609-632.

[248] Goswami M，Daultani Y，Tiwari M K. An integrated framework for product line design for modular products：Product attribute and functionality-driven perspective[J]. International Journal of Production Research，2017，55(13)：3862-3885.

[249] Miao C，Du G，Jiao R J，Zhang T. Coordinated optimisation of platform-driven product line planning by bilevel programming[J]. International Journal of Production Research，2017，55(13)：3808-3831.

[250] Bensaid B，Lesne J-P. Dynamic monopoly pricing with network extemalities[J]. International Journal of Industrial Organization，1996(14)：837-855.

[251] Sun B，Xie J，Cao H H. Product strategy for innovators in markets with network effects[J]. Marketing Science，2004，23(2)：243-254.

[252] Robinson W. Marketing mix reactions to entry[J]. Marketing Science，1988(7)：368-385.